Horizontes

Manual de ejercicios y de laboratorio

Cuarta edición

Graciela Ascarrunz Gilman

(late) University of California, Santa Barbara

Kimberley Sallee

University of Missouri, Columbia

JOHN WILEY & SONS, INC.

New York • Chichester • Weinheim • Brisbane • Singapore • Toronto

HORIZONTES
Cuarta edición
Manual de ejercicios y de laboratorio
Gilman / Sallee

Copyright © 2003 John Wiley & Sons, Inc. All rights reserved.

No part of this publication may be reproduced, stored in a retrieval system or transmitted in any form or by any means, electronic, mechanical, photocopying, recording, scanning or otherwise, except as permitted under Sections 107 or 108 of the 1976 United States Copyright Act, without either the prior written permission of the Publisher, or authorization through payment of the appropriate per-copy fee to the Copyright Clearance Center, 222 Rosewood Drive, Danvers, MA 01923, (508) 750-8400, fax (508) 750-4470. Requests to the Publisher for permission should be addressed to the Permissions Department, John Wiley & Sons, Inc., 111 River Street, Hoboken, NJ 07030, (201) 748-6011, fax (201) 748-6008, E-Mail: PERMREQ@WILEY.COM. To order books or for customer service please call 1-800-CALL-WILEY (225-5945).

ISBN 0-470-00320-0

Printed in the United States of America

10 9 8 7 6 5 4 3 2

Contenido

Preface to the Student   viii

LECCIÓN 1   Encantada de conocerlo

Manual de ejercicios

A. Vocabulario   1
B. Los interrogativos   2
C. Las exclamaciones   4
D. Los artículos definidos y los artículos indefinidos   6
E. Los adjetivos calificativos   7
F. Los adjetivos posesivos   7
G. Los demostrativos   8
H. ¡Ojo con estas palabras!   10
I. Perspectivas   11
J. ¡Exprésate por escrito!   14

Manual de laboratorio

I. Fragmento de una obra de teatro: *La feria* por Manuel Méndez Ballester   15
II. Pronunciación: La entonación   16
III. Práctica oral   17
IV. Comprensión auditiva: "La muchacha de la película"   18

LECCIÓN 2   Vamos a hacer las maletas

Manual de ejercicios

A. Vocabulario   21
B. Los pronombres personales   22
C. El presente del indicativo   23
D. El futuro del indicativo   25
E. El futuro de probabilidad   26
F. Perspectivas   28
G. Las comparaciones   31
H. Los superlativos   32
I. Comparativos y superlativos   35
J. ¡Ojo con estas palabras!   36
K. ¡Exprésate por escrito!   37

Manual de laboratorio

I. Fragmento de una obra de teatro: *Viajeros, al tren* por C. B. Naulart   39
II. Pronunciación: Las vocales   40
III. Práctica oral   41
IV. Comprensión auditiva: "El problema de una turista"   42

LECCIÓN 3   ¿Cómo son los estudios en tu país?

Manual de ejercicios

- A. Vocabulario   43
- B. Los verbos reflexivos   43
- C. **Estar** + adjetivo   44
- D. **Ser** o **estar**   45
- E. **Ser, estar, tener, haber** y **hacer**   46
- F. Expresiones con **estar** y **tener** que expresan *to be*   47
- G. **Estar** con el gerundio para expresar progresión   48
- H. Expresiones de obligación y probabilidad   49
- I. Las preposiciones **en** y **de**   51
- J. ¡Ojo con estas palabras!   52
- K. ¡Exprésate por escrito!   53
- L. Perspectivas   54

Manual de laboratorio

- I. Obra de teatro en un acto: *Don Armando y Pepe* por Luisa Josefina Hernández   57
- II. Pronunciación: Las consonantes **h, b, v** y **p**   58
- III. Práctica oral   59
- IV. Comprensión auditiva: "Milagro de la dialéctica"   60

LECCIÓN 4   ¡Qué familias tan grandes!

Manual de ejercicios

- A. Vocabulario   61
- B. El pretérito del indicativo   63
- C. El imperfecto del indicativo   65
- D. El pretérito y el imperfecto   67
- E. Verbos con significado diferente en el pretérito y en el imperfecto   72
- F. El verbo **hacer** en expresiones temporales   73
- G. **Saber** y **conocer**   75
- H. Perspectivas   76
- I. ¡Exprésate por escrito!   78

Manual de laboratorio

- I. Fragmento de una obra de teatro: *Bienvenido, Don Goyito (I)* por Manuel Méndez Ballester   80
- II. Pronunciación: Las consonantes **k, t** y **d**   81
- III. Práctica oral   82
- IV. Comprensión auditiva: "Un original día de campo"   83

LECCIÓN 5   ¿Cerramos el trato?

Manual de ejercicios

- A. Vocabulario   85
- B. El presente perfecto   86
- C. El pluscuamperfecto del indicativo   88
- D. El presente perfecto y el pluscuamperfecto del indicativo   91
- E. Los pronombres en función de complemento directo e indirecto   93
- F. **Gustar** y otros verbos similares   96
- G. Los pronombres complemento de preposición   98
- H. Usos del pronombre **se**   100
- I. Las preposiciones **a** y **con**   102
- J. ¡Ojo con estas palabras!   103
- K. Perspectivas   104
- L. ¡Exprésate por escrito!   106

Manual de laboratorio

- I. Fragmento de una obra de teatro: *Bienvenido, Don Goyito (II)* por Manuel Méndez Ballester   107
- II. Pronunciación: Las consonantes **r** y **rr**   108
- III. Práctica oral   109
- IV. Comprensión auditiva: "Las gafas"   111

LECCIÓN 6   ¡Cuide su salud!

Manual de ejercicios

- A. Vocabulario   113
- B. El subjuntivo en cláusulas nominales   115
- C. El subjuntivo versus el indicativo   116
- D. El imperativo formal   117
- E. El imperativo familiar   119
- F. El imperativo de nosotros   122
- G. Los posesivos enfáticos   123
- H. ¡Ojo con estas palabras!   123
- I. ¡Exprésate por escrito!   125
- J. Perspectivas   126

Manual de laboratorio

- I. Fragmento de una obra de teatro: *1 x 1 = 1, pero 1 + 1 = 2* por Lucía Quintero   129
- II. Pronunciación: Las consonantes **s** y **l**   130
- III. Práctica oral   131
- IV. Comprensión auditiva: "El triste futuro de Jacinta"   132

LECCIÓN 7   ¿Conoces mi ciudad?

Manual de ejercicios

A. Vocabulario   135
B. Los usos del indicativo y del subjuntivo en el presente en cláusulas nominales   137
C. Los usos del indicativo y del subjuntivo en el presente en cláusulas adjetivales   139
D. El subjuntivo en cláusulas adverbiales   143
E. El imperfecto del subjuntivo   147
F. El subjuntivo en oraciones independientes   148
G. Los adverbios   149
H. ¡Ojo con estas palabras!   150
I. ¡Exprésate por escrito!   151
J. Perspectivas   152

Manual de laboratorio

I. Obra de teatro en un acto: *La manzana prohibida* por Álvaro de Laiglesia   155
II. Pronunciación: Las consonantes **g, j, x, ll, y**   156
III. Práctica oral   157
IV. Comprensión auditiva: "La mano"   158

Ejercicios complementarios sobre las formas y los usos del subjuntivo   160

LECCIÓN 8   Hispanoamérica: ¡Qué diversidad!

Manual de ejercicios

A. Vocabulario   165
B. El condicional   166
C. Las cláusulas que dependen de si...   170
D. El presente perfecto del subjuntivo o del indicativo   171
E. Los indefinidos y los negativos   171
F. La voz pasiva   173
G. La voz pasiva con **se** versus la voz pasiva con **ser**   174
H. ¡Ojo con estas palabras!   174
I. ¡Exprésate por escrito!   175
J. Perspectivas   176

Manual de laboratorio

I. Fragmento de una obra de teatro: *Collacocha* por Enrique Solari Swayne   178
II. Pronunciación: Las consonantes **ch, f, m, n, ñ**   179
III. Práctica oral   180
IV. Comprensión auditiva: "Isapí: La leyenda del sauce llorón"   181

LECCIÓN 9   ¡Hoy nos vamos de pachanga!

Manual de ejercicios

A. Vocabulario   183
B. El infinitivo   184
C. **Por** y **para**   184
D. Otras preposiciones: **bajo, desde, hasta, entre, sobre** y **sin**   188
E. Los diminutivos y los aumentativos   190
F. ¡Ojo con estas palabras!   191
G. ¡Exprésate por escrito!   195
H. Perspectivas   196

Manual de laboratorio

I. Obra de teatro en un acto: *Fábula: La polilla y el bibliotecario* por Joaquín V. de González   199
II. Pronunciación: Los diptongos   200
III. Práctica oral   201
IV. Comprensión auditiva: "El secreto de la viña"   202

LECCIÓN 10   ¿Cómo consigo la información?

Manual de ejercicios

A. Vocabulario   203
B. El gerundio y la radio   206
C. El futuro perfecto y el futuro de la teleconferencia   208
D. El condicional perfecto y la televisión   210
E. El pluscuamperfecto del subjuntivo y los medios de comunicación   212
F. El pluscuamperfecto del subjuntivo y el condicional perfecto   213
G. Los pronombres relativos   214
H. ¡Ojo con estas palabras!   217
I. ¡Exprésate por escrito!   217
J. Perspectivas   218

Manual de laboratorio

I. Obra de teatro en un acto: *El poeta y Filomena* por Luisa Josefina Hernández   221
II. Pronunciación: La sinéresis y la sinalefa   222
III. Práctica oral   223
IV. Comprensión auditiva: "En las sombras del cinematógrafo"   225

Credits   **227**

Preface

TO THE STUDENT

This *Manual de ejercicios y de laboratorio* and the accompanying lab audio program, along with *Horizontes: Gramática y conversación* and *Horizontes: Cultura y literatura*, are components of a second-year Spanish language program. Each chapter of the lab book is designed to correspond in theme, vocabulary, and grammatical content to the lessons of your grammar text and cultural reader. In this book you will also find a variety of new exercises and activities, artwork, realia, games, and puzzles to make learning even more enjoyable and to help perfect your skills in understanding, speaking, reading, and writing the Spanish language.

As with the other components of the *Horizontes* program, all of the exercises here present the same topics as those found in the corresponding chapter in the student text. In this way you practice both the targeted grammar and vocabulary simultaneously. In *Horizontes: Gramática y conversación* most of the *Actividades* are open-ended and call for your creative input in conversations with your teacher and other class members. The *Manual de ejercicios y de laboratorio*, however, is designed for you to work by yourself in the laboratory and at home, and therefore the exercises are more directed. We provide the answers at the end of the text so that you can check them immediately to see how well you are doing.

PLEASE NOTE: In order to help you practice both the familiar and the formal forms in Spanish, we have used the "tú" form in addressing you in the *Manual de ejercicios* and the "Ud." form in the *Manual de laboratorio* (that is, on the CDs and in the exercises that accompany them).

Each lesson of your *Manual de ejercicios y de laboratorio* is organized in two sections: the *Manual de ejercicios* and the *Manual de laboratorio*.

MANUAL DE EJERCICIOS

The exercises included here emphasize reading and writing skills and cover each of the items you are learning in *Horizontes: Gramática y conversación*. For the most part, these are short-answer activities that will test your understanding of the grammar in each lesson. We suggest that you do these exercises after completing the corresponding lessons in the textbook, and then check your answers with those provided in the key at the back of the book. If you get all of the answers right, you can feel confident that you have learned the major points of the grammar lesson. If not, we suggest that you review the grammar until you master it. Ask for extra help from your instructor before the test if you are having difficulties.

In addition to grammatical exercises, the *Manual de ejercicios* provides the following: *Vocabulario*; *¡Ojo con estas palabras!*; *¡Exprésate por escrito!*, in which we want you to express your opinions; and a new activity, *Perspectivas: Lectura, comprensión y discusión*, which incorporates authentic reading materials with interesting and thought-provoking comprehension and conversational questions.

MANUAL DE LABORATORIO

Your *Manual de laboratorio* corresponds to the material recorded on the lab audio CDs. In each *Manual de laboratorio* section you will find the following:

1. *Fragmento de una obra de teatro* or *Obra de teatro en un acto:* These are all selections from Spanish-language theater chosen from Latin America and Spain and performed by native speakers. Approximately half-way through, each chapter's play will be interrupted with a comprehension activity. Another comprehension activity comes at the end of the play. You should listen to each part of the chapter's play several times before completing the comprehension activities.

2. *Pronunciación:* Here we provide a step-by-step review of Spanish pronunciation: starting with the vowels, passing through all of the consonants and problems of intonation, and ending with special problems such as diphthongs and synizesis and synaloepha (the contraction or blending of two successive vowels into one syllable). Whenever possible, we have included *Trabalenguas*, or tongue twisters, to make your pronunciation work more fun.

3. *Práctica oral:* These exercises give you additional practice with the grammar in your textbook. Unlike the exercises in the *Manual de ejercicios*, they stress listening and speaking skills and will help you attain oral mastery of the grammar points. The directions and model sentence for the exercises found on the tapes are printed in the *Manual.* Listen carefully to the model and respond as directed because this will help you improve both listening and speaking skills. Each exercise is patterned as follows: question, time for your response, correct response, and time for you to repeat.

4. *Comprensión auditiva:* The final exercise is another listening comprehension activity. In each case we have chosen lively and amusing short readings adapted from both contemporary and traditional Hispanic sources. Each story is a humorous selection that will be read once and followed by a multiple-choice comprehension exercise. You should pay close attention the first time you listen, but of course, you can listen to the reading as many times as necessary in order to complete the exercise correctly. Again, we provide answers for instant feedback in the key at the end of the text.

This fourth edition of the *Manual de ejercicios y de laboratorio* of *Horizontes* offers you a variety of exercises and theater pieces, accompanied by drawings, realia, and visual exercises, to help you become more proficient in grammar, vocabulary, and writing skills. The lab audio program, used in conjunction with the *Manual de laboratorio*, will help develop your ability to understand authentic Spanish and to perfect your own speaking skills.

A special thanks to Rosabel Argote for her collaboration on the third edition of the *Manual de ejercicios y de laboratorio.*

Nombre: _____ Fecha: _____

Lección 1 *¡Encantada de conocerlo!*

Manual de ejercicios

A. VOCABULARIO

1. ¿Cómo presentas a una amiga?
   _____
   _____

2. ¿Qué dices al entrar a la oficina del departamento de español?
   _____
   _____

3. Si deseas solicitar alguna información a una persona que conoces, ¿qué le dices?
   _____
   _____

4. ¿Cómo recibes a un(a) compañero(a) de clase que viene a tu casa para estudiar?
   _____
   _____

5. Si quieres ir al cine con un(a) amigo(a), ¿qué le propones?
   _____
   _____

6. Si necesitas ayuda con tu tarea de español, ¿cómo la solicitas?
   _____
   _____

7. Cuando cometes un error, ¿cómo pides disculpas?
   _____
   _____

8. Si alguien te cuenta algo muy triste, ¿qué exclamas?
   _____
   _____

9. Si tu amigo(a) llega muy tarde a la cita, ¿qué dices?
   _____
   _____

10. Cuando la clase termina, ¿cómo te despides de tu compañero(a)?
    _____
    _____

B. LOS INTERROGATIVOS

I. Hoy es el primer día de clase. Tú no conoces a tu compañero y, antes de llegar el profesor, Uds. conversan. ¿Cuál es la pregunta? Completa el diálogo con oraciones interrogativas.

1. —¿ _____ ?
   —Me llamo Luis Alfredo.

2. —¿ _____ ?
   —Soy de Venezuela.

3. —¿ _____ ?
   —Hace tres meses que estoy aquí.

4. —¿ _____ ?
   —Vivo con unos amigos de mi familia.

5. —¿ _____ ?
   —Mi familia está en Caracas.

6. —¿ _____ ?
   —Tengo diecinueve años. El próximo mes cumplo veinte.

7. —¿ _____ ?
   —Estudio matemáticas.

8. —¿ _____ ?
   —Mis clases terminan a las tres de la tarde. A esa hora podemos vernos.

II. En otra parte de la clase, María Ángeles y Óscar también conversan. Óscar desea conocer a María Ángeles porque ella parece muy simpática. Él le hace muchas preguntas. Completa el diálogo e imagina las respuestas de María Ángeles.

1. —¡Hola!, ¿cómo estás?
   — _____

2. —Yo me llamo Óscar. Y tú, ¿cómo te llamas?
   — _____

4. —¿Eres estudiante en esta clase?
   — _____

5. —Pareces muy joven. ¿Cuántos años tienes?
   — _____

6. —Después de clase tengo tiempo libre. ¿Quieres tomar un café conmigo en la cafetería de la universidad?
   — _____
   —Muy bien. Entonces, ¡hasta luego!

Nombre: _____ Fecha: _____

III. ¿Qué? o ¿Cuál(es)? Completa el diálogo con la palabra apropiada.

PROFESOR: ¿_____(1)_____ es la estudiante que quiere verme?

ASISTENTE: Es Patricia Ramos, la muchacha venezolana que llegó la semana pasada.

PROFESOR: ¿Sabe Ud. _____(2)_____ desea?

ASISTENTE: Desea consultar el significado de dos palabras que no se usan en su país.

PROFESOR: ¿_____(3)_____ son esas palabras? A ver, dígale que pase.

* * *

PATRICIA: Buenas tardes Profesor Fuentes. ¿Podría decirme _____(4)_____ se entiende por "ligar con un(a) muchacho(a)"?

PROFESOR: Ligar es una palabra familiar que usan los jóvenes en España al empezar una relación. ¿_____(5)_____ palabra usan Uds. en Venezuela?

PATRICIA: Usamos el verbo "empatarse"; por ejemplo "Me empaté con Carlos".

PROFESOR: ¿_____(6)_____ es la otra palabra que no conoce?

PATRICIA: ¿_____(7)_____ quiere decir "ir de tapas"?

PROFESOR: Bueno, esa es una costumbre muy española. Es salir con amigos e ir de establecimiento en establecimiento probando pequeñas porciones de comida.

PATRICIA: Muchísimas gracias por la información. Hasta luego.

IV. Una oportunidad única. Imagina que tú entras en la cafetería de moda de tu ciudad y, de repente, ves a Christina Aguilera o a Ricky Martin. ¡Amor a primera vista! Parece muy enigmático(a) y tú le miras fijamente. Desearías saberlo todo sobre él/ella, y a la vez, convencerle que no eres sólo un(a) aficionado(a) loco(a). De repente, él o ella se acerca y te dice:

RICKY O CHRISTINA: El seis es mi número de la suerte. Por eso puedes hacerme seis preguntas para conocerme mejor. Sólo hay una condición: Cada pregunta tiene que empezar con una palabra interrogativa diferente: **¿qué?, ¿cómo?, ¿cuándo?, ¿cuánta?, ¿cuántos?, ¿por qué?, ¿quién?, ¿hace cuánto?, ¿cuál?, ...**

_____
_____
_____
_____
_____
_____
_____

Lección 1 ¡Encantada de conocerlo! • 3

C. LAS EXCLAMACIONES

I. ¡Qué buenas vacaciones! Mientras estás en la librería, comprando los libros para tus clases nuevas, ves a tu amiga María y le preguntas sobre las vacaciones. Ella empieza a contarte todo lo que le ocurrió durante las vacaciones. Completa la siguiente conversación con la exclamación apropiada.

TÚ: ¡María! ¿Cómo estás?

MARÍA: Muy bien, ¿y tú?

TÚ: Bien. No puedo creer que ya empieza otro semestre. Y mira todos los libros que tengo que comprar. ¡ _____ caros son! ¿Cómo te fue en las vacaciones?

MARÍA: Muy bien. ¡Pero no vas a creer lo que me pasó! Quería encontrar un trabajo buenísimo para las vacaciones cuando recibí una llamada de Disney World. Me ofrecieron un trabajo en la Florida con un sueldo del doble de lo que esperaba.

TÚ: ¡ _____ suerte!

MARÍA: Pero hay más. ¡El primer día, Ricky Martin vino al parque con unos amigos y lo conocí! Me presenté, hablamos un poco, y de repente me invitó a una fiesta.

TÚ: ¡ _____ suerte tienes!

MARÍA: Sí, eso creía yo también, hasta que el que llegó a recogerme no fue Ricky sino su amigo, Miguel. Me dijo que Ricky tenía que ir a Puerto Rico de emergencia y que él, Miguel, me iba a acompañar esa noche.

TÚ: ¡ _____ lástima!

MARÍA: ¡Sí! Miguel era simpático pero no tan guapo como Ricky.

TÚ: ¡ _____ increíble! Me encantaría escuchar más, pero tengo que ir a clase. ¿Quieres tomar un café después para hablar más de tus aventuras?

MARÍA: Está bien. Hasta luego.

TÚ: Hasta luego.

II. ¡Cuánto me gustan las postales! María Elena y Armando ya son novios. Todavía recuerdan su primera cita, cuando fueron al cine. Hoy es su aniversario. María Elena quiere comprar algo para Armando. Ella entra en una librería y encuentra, de repente, la postal perfecta para él.

1. Completa las exclamaciones de María Elena con la palabra exclamativa apropiada.

   "¡ _____ me gusta esta postal!"
          1

   "¡ _____ graciosa y original es!"
          2

   "¡ _____ se va a reír Armando con ella!"
          3

   "¡ _____ apropiada es para nosotros!"
          4

2. Diseña y escribe tu propia postal. Después, envíala a un amigo o una amiga que acabas de conocer en tu clase de español. Escribe frases en ella utilizando los exclamativos. Usa una hoja de papel aparte.

Nombre: _____ Fecha: _____

Ejemplos: ¡**Cómo** me alegra ser tu compañero(a) de clase!
¡**Cuánto** me gusta el español!
¡**Qué** bien la paso en clase contigo!

Lección 1 ¡Encantada de conocerlo! • 5

D. LOS ARTÍCULOS DEFINIDOS Y LOS ARTÍCULOS INDEFINIDOS

I. Completa con el artículo definido. Recuerda que **de + el** forman la contracción **del** y que **a + el** forman la contracción **al**.

1. _____ información sobre _____ turismo en Cuba es interesante.
2. No sabía que _____ población de Cuba era más de once millones de personas.
3. _____ instauración de _____ comunismo fue una de _____ causas de _____ embargo contra Cuba por parte de _____ Estados Unidos.
4. José Martí, un autor cubano, fue uno de _____ iniciadores de _____ "modernismo", un movimiento literario.
5. Muchas personas están en contra de _____ embargo porque afecta mucho a _____ pobres y a _____ personas que no pueden controlar _____ situación.
6. Otros están a favor de _____ embargo porque presiona a _____ presidente Fidel Castro.

II. Completa con el artículo indefinido. Si no es necesario, deja el espacio en blanco.

1. _____ revista como People en español tiene muchas fotos de _____ personas famosas.
2. Elvis Crespo, _____ salsero neoyorquino, tiene _____ canciones premiadas.
3. _____ persona bilingüe en los Estados Unidos tiene _____ ventaja cuando busca trabajo porque puede hablar con más personas que alguien que sólo habla _____ idioma.
4. En los años recientes, se ha visto _____ aumento en el número de personas que hablan _____ otro idioma (además del inglés) en los Estados Unidos.
5. _____ de esas personas son inmigrantes, pero _____ otras son ciudadanos de los Estados Unidos.

III. Usa el artículo definido o el artículo indefinido o ninguno de los dos.

Él es ____1____ estudiante de biología. Y, de hecho, él es ____2____ buen estudiante de biología. Se llama Roberto y es ____3____ americano. Roberto es ____4____ chico simpático, pero no tiene ____5____ novia. Por tanto, ____6____ guapo Roberto a veces está triste.

____7____ viernes pasado, él llegó a ____8____ Bilbao, en España. Y hoy acaba de matricularse en ____9____ escuela de Medicina de esta ciudad. A Roberto siempre le ha gustado ____10____ español como lengua. Y sabe hablar ____11____ español muy bien. Pero hace muchos años que no practica, y hoy, ____12____ primer día de clase, él no ha podido entender ni una sola palabra.

Al principio de la clase, su compañera de clase se ha acercado a él. Se llama Maribel. Y han mantenido la siguiente conversación:

MARIBEL: ¡Hola, chico! ¿Qué hora es?

ROBERTO: Son ____13____ diez y media de ____14____ mañana.

MARIBEL: Estoy super cansada. Es ____15____ primer día de clase y ya estoy aburrida.

ROBERTO: ¿Qué día es hoy?

Nombre: _____ Fecha: _____

MARIBEL: ¿Estás bromeando? Hoy es ___16___ lunes. Hoy es ___17___ 20 de septiembre y hoy empezamos en la universidad.

ROBERTO: Perdona. Mi español es pobre todavía. Quería preguntarte qué clase hay ahora.

MARIBEL: ___18___ clases de biología marina son siempre ___19___ lunes a ___20___ diez y media de la mañana. Y tenemos que ir al laboratorio ___21___ martes a ___22___ once y media.

ROBERTO: Gracias por ___23___ información. A propósito, ¿sabes?, a mí me gustan las chicas con ojos verdes; y tus ___24___ ojos son preciosos.

MARIBEL: Gracias por el piropo. Ahí llega ___25___ señor Menéndez, nuestro profesor de biología. ___26___ señor Menéndez es ___27___ persona muy seria y no podemos hablar en clase.

ROBERTO: Muy bien. Nos veremos después de clase entonces.

E. LOS ADJETIVOS CALIFICATIVOS

Después del encuentro con Christina Aguilera o Ricky Martin, supiste que no fue amor a primera vista como pensabas. También tienes una amiga, Pepa, que acabar de sufrir una desilusión de amor. Así que Uds. deciden poner un anuncio en el periódico. El primer anuncio es el de tu amiga. Complétalo con adjetivos calificativos que expresen su nacionalidad, religión y características personales.

> Después de una desilusión, necesito volver a creer en alguien. Soy una chica de 19 años. Soy _____ (nacionalidad) y _____ (religión). Soy _____, _____, _____ (características personales) y de buenos sentimientos. Me gustaría mantener correspondencia con un muchacho _____, _____, (características personales) y aficionado a la música _____ (tipo de música). Si eres una persona _____, (característica negativa) no me escribas, perderías tu tiempo.
>
> Pepa Guzmán Mora. Urbanización Villa Hermosa, Torre B, Alicante.

F. LOS ADJETIVOS POSESIVOS

Lee el mensaje de Carla y completa con el adjetivo posesivo el diálogo entre Armando y Elena.

ARMANDO: Recibí este mensaje de ___1___ amiga Carla.

ELENA: ¿Y qué dice ___2___ amiga?

ARMANDO: Dice que no encuentra ___3___ libros.

ELENA: Pero, ¿dónde pueden estar?

> *Armando*
>
> No encuentro mis libros. Como ayer estudiamos juntos en tu casa, pienso que los he dejado en tu cuarto. Si es así, llámame por teléfono y mañana pasaré por ellos.
>
> *Carla*

ARMANDO: Ella piensa que los dejó aquí porque ayer estudiamos juntos. He revisado todo _____4_____ cuarto y no los encuentro.

ELENA: Siempre es lo mismo. Parece que Carla se pasa la vida buscando _____5_____ cosas. Y lo peor es que siempre cree que las ha dejado en casa de _____6_____ compañeros. ¡Por suerte ella no es _____7_____ amiga!

G. LOS DEMOSTRATIVOS

I. Lee la invitación y completa el diálogo de la página 9 con el demostrativo correspondiente. Recuerda que el pronombre lleva acento escrito.

Nombre: _____ Fecha: _____

ELENA: ¡Mira _____1_____ invitaciones!

AMELIA: ¿Cuáles?

ELENA: _____2_____ que tengo en la mano.

AMELIA: ¿Son para nosotras?

ELENA: Sí, son para una consumición en la discoteca "Jigjog".

AMELIA: ¿Dónde está _____3_____ discoteca?

ELENA: En la calle Orense.

AMELIA: ¿Son para _____4_____ sábado?

ELENA: ¡Claro que no! Sólo sirven de lunes a viernes.

AMELIA: En _____5_____ caso no nos interesa _____6_____ invitación. Nosotras queremos divertirnos _____7_____ fin de semana.

II. Demostrativos y posesivos. Elena y Amelia no van a la discoteca. Pero Roberto sí va. A Roberto le gusta observar a las personas y descubre, entre la gente, a un grupo de tres chicas muy divertidas. Esas chicas están cotilleando.

Escriba el posesivo (P) o demostrativo (D) apropiado en el siguiente diálogo.

ANA: ¡Hola, chicas! ¿Cómo están Uds.? Me encantan _____1_____ (P) vestidos de noche.

PILI: Ah, ¿sí? A mí también me gusta _____2_____ (P) vestido. ¿Dónde te lo has comprado?

ANA: Esto es un secreto, pero en realidad, ¡_____3_____ (D) no es _____4_____ (P) vestido!

PILI: Ah, ¿no? ¿Y de quién es entonces?

ANA: Es de _____5_____ (P) hermana. Y si me ve, me mata.

MARISA: ¿Y por qué le has "robado" _____6_____ (P) vestido a tu hermana?

ANA: ¿Por qué? Porque los vestidos de noche son carísimos. ¿Ves a _____7_____ (D) chica que está justamente detrás de mí? _____8_____ (P) vestido debe costar más de 25.000 pesetas. ¿Y ves a _____9_____ (D) chica que está justamente detrás de ti? _____10_____ (P) vestido cuesta aproximadamente 30.000 pesetas. ¿Y ves a _____11_____ (D) chicos guapísimos que están al otro lado del salón de fiesta? Yo creo que sólo _____12_____ (P) corbatas ya cuestan una millonada.

MARISA: Todos _____13_____ (P) vestidos los he comprado en las rebajas. No puedo gastar mucho dinero en _____14_____ (D) cosas. Además, un vestido caro no es lo mismo que un vestido bonito.

Lección 1 ¡Encantada de conocerlo! • 9

PILI: En eso tienes razón. ¿Habéis visto a _____15_____ (D) chicas que están justo a tu izquierda, Ana?

MARISA: Sí, _____16_____ (P) vestidos son feísimos y carísimos. Y, además, me he dado cuenta de que ellas nos están mirando y están cotilleando sobre _____17_____ (P) tres vestidos.

ANA: ¿Y veis a _____18_____ (D) chico moreno que está a unos veinte metros de nosotras? Me gustan _____19_____ (P) jeans y su camiseta azul oscura. Me gusta _____20_____ (P) forma de vestir sencilla. _____21_____ (D) chico tiene estilo y no ha gastado mucho dinero en ropa.

MARISA: ¡Oh! Viene hacia aquí. ¡Horror! Sabe que estábamos cotilleando.

ROBERTO: ¡Hola, chicas! ¿Cómo están esta noche? Todas tienen unos ojos preciosos. Sí, me gustan _____22_____ (P) ojos. Hay un dicho que dice "Los ojos son el espejo del alma". Y hay otro dicho que dice "El hábito no hace al monje".

H. ¡OJO CON ESTAS PALABRAS!

I. Lee con atención el siguiente artículo que apareció en Diario 16. Después, indica con un círculo la terminación correcta para cada oración.

SAN SEBASTIAN DE LOS REYES
Primer cursillo municipal de métodos para «ligar»

SERVIMEDIA
Treinta jóvenes de San Sebastián de los Reyes participaron el fin de semana pasado en el curso organizado por el Ayuntamiento de la localidad sobre «Técnicas y habilidades para *ligar*. ¿Quieres salir conmigo?».

Este proyecto educativo municipal, que aborda técnicas de comunicación y seducción, es el primero de estas características que se desarrolla en España, según explicaron los organizadores del curso, celebrado en la Casa de Cultura.

En el monográfico, dirigido por el psicólogo Pedro Gutiérrez, intervinieron treinta jóvenes de ambos sexos, edades comprendidas entre los 14 y los 18 años y procedencia social variada, ya que figuraban desde universitarios hasta trabajadores y también personas paradas.

El curso, estructurado en tres fases —aproximación, contacto y mantenimiento—, se desarrolló en grupos reducidos a base de crear psicodramas y situaciones reales que eran grabadas en vídeo. Los responsables del programa trabajaron con insistencia en el lenguaje no verbal y en enseñar a utilizar el oral.

«No intentamos dar recetas, sino simplemente aconsejar, por ejemplo, que no hay que ser muy directo al hablar cuando queremos ligar», señaló Fabiola Muñoz, educadora social.

Las clases fueron de dos horas y media cada una, y hubo una última sesión que sirvió de clausura en una discoteca de la localidad, por considerarla un medio más adecuado a las *materias* impartidas en el curso.

1. El pasado fin de semana en el curso llamado "Técnicas y habilidades para ligar" participaron...
   a. muchas personas.
   b. 40 muchachos.
   c. 30 jóvenes de ambos sexos.

2. Los organizadores del curso explicaron que se trata de...
   a. un tercer cursillo local.
   b. un primer cursillo municipal.
   c. un segundo cursillo educativo.

3. A este proyecto educativo asistieron jóvenes de edades comprendidas entre...
   a. los 18 y los 20 años.
   b. los 14 y los 28 años.
   c. los 14 y los 18 años.

4. Los participantes en el cursillo eran...
   a. de diferentes niveles sociales.
   b. universitarios.
   c. trabajadores.

Nombre: _____ Fecha: _____

5. Las clases de este primer cursillo municipal fueron de...
   a. dos horas y media.
   b. una hora y media.
   c. una hora.

II. Completa el párrafo con la(s) palabra(s) apropiada(s). Se pueden usar las expresiones más de una vez. Recuerda usar la forma verbal correcta.

a causa de
la(s) cuestión(ones)
la(s) pregunta(s)
preguntar
por qué
porque
hacer una(s) pregunta(s)

_____1_____ los problemas que tienen algunos jóvenes para hacer amistades, en la ciudad de Santander se dictó el primer cursillo sobre "Técnicas y habilidades para ligar". Ahora, yo me _____2_____ a mí mismo(a) si muchachos tan jóvenes deben participar en cursos de este tipo. Son tres _____3_____ que van a necesitar respuestas.
(1) ¿ _____4_____ hacer de la amistad un proyecto de aprendizaje?
(2) ¿ _____5_____ estructurar la comunicación en tres fases?
(3) ¿ _____6_____ intentar dar recetas en _____7_____ de amistad y amor?

Para mí, la comunicación es una _____8_____ personal que depende de cada uno _____9_____ no todos los seres humanos son iguales. El lenguaje no verbal viene del corazón y un(a) joven no puede _____10_____ íntimas sobre lo que siente el corazón.

I. PERSPECTIVAS: LECTURA, COMPRENSIÓN Y DISCUSIÓN

I. Lee el artículo de la página 12 con cuidado y atención.

II. Responde a las siguientes preguntas utilizando la información del artículo. Las preguntas continúan en la página 13.

1. ¿Cuándo van a la universidad muchos estudiantes españoles?
   _____

2. ¿De dónde salen muchos chicos y chicas en ese momento?
   _____

3. ¿Cuáles son las opciones de vivienda en los campus universitarios?
   _____
   _____

EL PERIÓDICO UNIVERSITARIO DE HORIZONTES

Sección Cultura   Ejemplar gratuito

¡Adiós a las faldas de mamá!

Como todos los setiembres de cada año, los colegios mayores y los pisos para estudiantes en las ciudades universitarias dan la bienvenida a los recién llegados

Muchos estudiantes españoles van a la universidad cuando tienen 18 años. En ese momento, muchos chicos y chicas tienen que salir de la casa de sus padres en sus ciudades natales. Tienen que decidir dónde vivir.

En los campus universitarios, las opciones de vivienda son básicamente dos: compartir un apartamento con otros estudiantes o vivir en un colegio mayor.

Generalmente, los estudiantes prefieren ir a un colegio mayor durante el primer año. Así, ellos pueden conocer a gente nueva, hacer amigos y seleccionar a sus futuros compañeros de piso.

Las desventajas de los colegios mayores son muchas. Son más caros que el alquiler de un apartamento. Los horarios son más estrictos y algunos colegios limitan las salidas nocturnas. La comida no suele ser muy buena porque es difícil cocinar para más de cien personas.

Sin embargo, las ventajas también son muchas. En un colegio mayor, los recién llegados pronto hacen amigos.

También, se crea un buen ambiente de estudio y se organizan grupos de amigos para estudiar juntos. Otra ventaja es que los estudiantes no pierden tiempo cocinando o lavando los platos. Y otra cosa ¡inolvidable! es la fiesta que cada colegio mayor organiza anualmente. Los residentes de otros colegios mayores asisten a esa fiesta. Hay música, baile, comida, bebida. Y se dan premios a los residentes más simpáticos, más guapos o más estudiosos.

Muchos residentes abandonan el colegio mayor después de un año o dos años, porque están cansados de tantas fiestas diarias y porque desean vivir con sus mejores amigos. Entonces alquilan un apartamento. Pero ninguno olvida "los mejores años de la vida universitaria" en el colegio mayor. Vivir en un colegio mayor es, en cierta manera, una locura maravillosa para decir adiós a las faldas de mamá y decir hola a la vida independiente.

Nombre: _____ Fecha: _____

4. ¿Por qué los estudiantes prefieren ir a un colegio mayor durante el primer año en la universidad?
   _____
   _____

5. ¿Cuáles son las desventajas de los colegios mayores?
   a) _____
   b) _____
   c) _____

6. ¿Cuáles son las ventajas de los colegios mayores?
   a) _____
   b) _____
   c) _____
   d) _____

7. ¿Qué hay en la fiesta que cada colegio mayor organiza anualmente?
   _____

8. ¿Por qué abandonan muchos residentes el colegio mayor después de un año o dos años?
   _____

9. Según el artículo, vivir en un colegio mayor es una locura maravillosa, ¿para qué?
   _____
   _____

III. Imagina que estás participando en un debate informal y tienes que defender tu preferencia (o vivir en un colegio mayor o vivir en un apartamento compartido). Organiza tus argumentos para lograr convencer a tus contrarios.

_____
_____
_____
_____
_____
_____
_____
_____
_____
_____

J. ¡EXPRÉSATE POR ESCRITO!

1. ¿Qué es para ti la amistad?

2. ¿Qué haces cuando deseas hacer nuevas amistades?

3. En esta universidad, ¿dónde y cómo se puede hacer amigos?

4. Cuando un(a) muchacho(a) te invita a una fiesta y tú no deseas salir con él (ella), ¿qué le dices?

5. Y si deseas ir con él(ella) pero no lo(la) conoces bien, ¿qué le dices?

6. Cuando buscas la compañía de un(a) amigo(a), ¿prefieres una persona inteligente?, ¿divertida?, ¿romántica?, ¿artística? Explica por qué.

7. ¿Crees que es más difícil para la mujer que para el hombre hacer amistades hoy día? ¿Por qué?

Nombre: _____ Fecha: _____

Manual de laboratorio

I. FRAGMENTO DE UNA OBRA DE TEATRO

En la siguiente escena, Gregorio, un poeta muy simpático, le propone a su amigo Faustino un nuevo servicio telefónico.

LA FERIA
Manuel Méndez Ballester (Puerto Rico)

EJERCICIOS DE COMPRENSIÓN

A. Primera parte. Escuche las siguientes oraciones basadas en la primera parte de *La feria*. Después indique con un círculo si las afirmaciones están de acuerdo con la escena que ha escuchado. Cada oración se leerá dos veces.

1. Sí   No
2. Sí   No
3. Sí   No
4. Sí   No

B. Segunda parte. Escuche las siguientes oraciones basadas en la segunda parte de *La feria*. Después indique con un círculo si las afirmaciones están de acuerdo con la escena que ha escuchado. Cada oración se leerá dos veces.

1. Sí   No
2. Sí   No
3. Sí   No
4. Sí   No

C. ¿Qué piensa? Lea las siguientes preguntas basadas en *La feria*. Después contéstelas en el espacio indicado.

1. ¿Usaría Ud. el servicio de poemas por teléfono si se ofreciera en su ciudad? ¿Por qué sí? o ¿por qué no?

   _____

   _____

2. Lea el poema que recitó Gregorio sobre Nueva York:

Con mil muros° de concreto	*walls*
y ochenta lenguas de acero°	*steel*
poblaron los emigrantes	
la ciudad de rascacielos°.	*skyscrapers*
¡Ay cómo gritan las máquinas	
bajo la ciudad dormida!	

Lección 1 ¡Encantada de conocerlo! • **15**

¡Ay cómo tiemblan los hombres
entre la jungla perdida!
¡Cómo sangran las gaviotas°   *How the gulls bleed*
contra las torres de acero!

¿Qué imágenes nota Ud.? Escriba una lista de cuatro o cinco imágenes del poema.

_____

_____

_____

3. Ahora escriba un poema similar sobre su ciudad o pueblo. Puede usar el poema de Gregorio como ejemplo o crear su propio poema.

_____

_____

_____

_____

_____

_____

II. PRONUNCIACIÓN

LA ENTONACIÓN

En español, el patrón básico de la entonación que corresponde a un grupo fónico comprende tres etapas: comienza con un tono bajo, sube a un tono más alto que se mantiene hasta la última sílaba acentuada y luego baja al tono inicial.

En las frases enunciativas y en las preguntas que piden información específica mediante palabras interrogativas, se representa el patrón con entonación descendente.

Practique el patrón imitando la entonación que escucha.

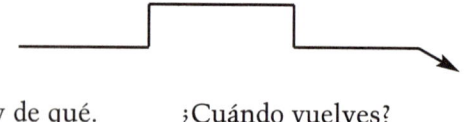

No hay de qué.   ¿Cuándo vuelves?
Buenas noches.   ¿Qué tiempo hace?
Con permiso.   ¿Cómo estás?
Hasta mañana.   ¿Dónde trabajas?

* * *

Practique el patrón correspondiente a estas preguntas que se contestan con **sí** o **no**.

¿Es verdad?   ¿Me traes el libro?
¿Acabas de volver?   ¿Estás cansado?
¿Viste a Juan?   ¿Quieres que te ayude?

* * *

Practique el patrón correspondiente a la exclamación.

¡Caramba!   ¡No me digas!
¡Siéntate!   ¡Quién fuera rico!
¡Qué curioso!   ¡Que te diviertas!

* * *

En las frases de dos grupos fónicos, sólo el primer grupo tiene inflexión ascendente. Escuche y repita.

En aquella época ↗ / vivían muy felices. ↘

Si tengo dinero ↗ / te lo compraré. ↘

Éste es para mis padres ↗ / y el otro es para ti. ↘

Cuando hay más de dos grupos fónicos en las frases enunciativas, los primeros grupos tienen inflexión ascendente mientras el último tiene inflexión descendente. Escuche y repita.

Cuando vuelvas esta tarde ↗ / no hagas ruido ↗ / si estoy durmiendo. ↘

En su universidad ↗ / hay reuniones de estudiantes ↗ / casi todos los días. ↘

Parece que estos estudiantes ↗ / no estudian español ↗ / sino inglés y portugués. ↘

III. PRÁCTICA ORAL

A. LOS INTERROGATIVOS

Ud. oirá una oración. Haga la pregunta apropiada usando una palabra interrogativa. Después, escuche y repita la respuesta correcta.

Ejemplo: Ud. oirá: Vivo en Santa Cruz.
Pregunte Ud.: *¿Dónde vives?*

B. LOS EXCLAMATIVOS

Ud. oirá una oración. Modifíquela a una oración exclamativa usando **¡Qué!** o **¡Cómo!** Después, escuche y repita la exclamación correcta.

Ejemplo: Ud. oirá: Llegas tarde.
Diga Ud.: *¡Qué tarde llegas!*

C. EL ARTÍCULO DEFINIDO

Ud. oirá una oración. Con el sustantivo que sigue, modifique la oración según el ejemplo. Después, escuche y repita la respuesta correcta.

Ejemplo: Ud. oirá: Van a la iglesia. (cine)
Diga Ud.: *Van al cine.*

D. EL ARTÍCULO INDEFINIDO

Ud. oirá dos preguntas. Conteste con una sola oración usando el artículo indefinido si es necesario. Después, escuche y repita la respuesta correcta.

    Ejemplo: Ud. oirá: ¿Tienes familia?
                      Diga Ud.:   *Sí, tengo una familia grande.*

E. LOS ADJETIVOS

Ud. oirá una oración seguida de una pregunta. Conteste la pregunta usando la forma apropiada del adjetivo y el adverbio **también.** Después, escuche y repita la respuesta correcta.

    Ejemplo: Ud. oirá: Esos cuadernos son rojos. ¿Y la pluma?
                      Diga Ud.:   *La pluma es roja también.*

F. LOS DEMOSTRATIVOS

Ud. oirá las cinco preguntas que están en su manual. Si el demostrativo es un pronombre, ponga el acento en el lugar que corresponde.

1. —¿Puedo pasar?
   —Pase por *esta* puerta, no por *esa*.
2. —¿Cómo se llaman las chicas?
   —*Esta* chica se llama Lupita, *aquella*, Raquel.
3. —¿Va a comprar *esa* blusa blanca?
   —No. Prefiero *esta* o *aquella* porque son más elegantes.
4. —¿Qué opina del cuadro?
   —¿Cuál? ¿*Ese* o *aquel*?
5. —¿*Eso* es lo que has pedido?
   —No. Pero *esto* pasa siempre en los restaurantes. Te traen lo que no pides.

IV. COMPRENSIÓN AUDITIVA

A. LA MUCHACHA DE LA PELÍCULA

Ud. oirá algunas palabras y frases que aparecen en el siguiente relato. Repita cada una y lea su traducción al inglés. Ud. las necesitará para la comprensión de la historia.

    pasar la película *to show the movie*
    recorrer casi todos los cines *to go to almost all the movie theaters*
    el lago *lake*
    atrasarse *to be late*

¿Entiende Ud. el relato? Si no, vuelva a escucharlo antes de hacer el ejercicio de comprensión que sigue.

Nombre: _____ Fecha: _____

B. EJERCICIO DE COMPRENSIÓN

Ud. oirá la primera parte de una oración sobre el relato *La muchacha de la película* y tres terminaciones posibles. En su manual, indique con un círculo la terminación más lógica. La oración y las terminaciones se leerán dos veces.

1. a b c   4. a b c
2. a b c   5. a b c
3. a b c   6. a b c

Nombre: _____ Fecha: _____

Lección 2   *Vamos a hacer las maletas*

Manual de ejercicios

A. VOCABULARIO

Aquí tienes dos pases de abordar[1] de la línea de aviación Aeroméxico. Repasa con atención las palabras relacionadas con los vuelos.

Para cada uno de los siguientes verbos, da la palabra de vocabulario relacionada y escribe una oración utilizándola en el tiempo presente.

Ejemplo: mostrar   *el mostrador*
Voy al mostrador cuando llego al aeropuerto para facturar el equipaje.

1. sentarse   _____
   _____

2. salir   _____
   _____

3. llegar   _____
   _____

4. aterrizar   _____
   _____

5. despegar   _____
   _____

6. esperar   _____
   _____

[1] *Los pases de abordar de las líneas de aviación españolas se llaman tarjetas de embarque.*

B. LOS PRONOMBRES PERSONALES

Ana Cristina acaba de llegar a Nueva York para pasar las vacaciones de verano con sus familiares. Ella es de España y no habla inglés. Al llegar a la gran ciudad, toma un taxi. El taxi la lleva al Barrio y, al llegar, descubre que sus tíos le han preparado una fiesta sorpresa. Hace siete años que ella no ve a sus familiares que emigraron a los Estados Unidos y, por eso, ella no puede reconocer a sus primos. Pide ayuda a su tía.

I. Imagina que tú eres Ana Cristina. Escribe los diálogos, usando una de las siguientes exclamaciones: ¡**Claro que... !**, ¡**Ya lo creo que... !**, ¡**Por supuesto que... !**

    Ejemplo: César
                      —¿Es ése César?
                      —¡**Claro que** es él!
                      —¡No lo puedo creer!
                      —Pues sí, es él mismo.

1. el tío Félix y la tía Isabel

_____
_____
_____
_____

2. las gemelas

_____
_____
_____
_____

3. el novio de la prima Yolanda

_____
_____
_____
_____

4. Anabel

_____
_____
_____
_____

Ana Cristina y su primo César eran muy amigos cuando eran niños. Pero César emigró de España a los Estados Unidos con sus padres. Hace siete años que César y Ana Cristina no se ven y César apenas puede reconocerla. Ella ya tiene dieciocho años y está muy diferente y muy bonita.

Nombre: _____ Fecha: _____

II. Completa el diálogo, poniendo el pronombre personal adecuado, sólo si es necesario.

CÉSAR: ¿Eres _____, Ana Cristina?
           1

ANA CRISTINA: Claro que soy _____. ¿Ya no me conoce _____, César?
                             2   3

CÉSAR: _____ estás tan guapa y tan mayor. Pero, no me trates de Ud., por favor.
        4
Sólo _____ soy cuatro años mayor que tú.
      5

ANA CRISTINA: Perdona. Hace muchos años que _____ no te he visto. _____
                                              6   7
estoy un poco nerviosa.

CÉSAR: _____ te escribí muchas cartas, pero _____ nunca me contestaste.
        8   9

ANA CRISTINA: Sí, y _____ lo siento. _____ soy una perezosa.
                    10   11

CÉSAR: No importa. Ahora háblame de tu país, de nuestros amigos. ¿Cómo están todos?
Todos menos _____ viven todavía en España, ¿no?
            12

ANA CRISTINA: Sí, sólo _____ te fuiste. E incluso _____ te eché de menos. Pero
                       13   14
ahora _____ tenemos muchos días para hablar de todo.
      15

CÉSAR: Sí, _____ tenemos mucho tiempo para que _____ hablemos.
           16   17
¿Quién empieza?

ANA CRISTINA: ¡ _____ mismo!
                 18

C. EL PRESENTE DEL INDICATIVO

I. Las supersticiones

Las personas que viajan conocen nuevas culturas, nuevas costumbres, nuevas tradiciones. Y las supersticiones, las creencias en la mala suerte, los amuletos, los horóscopos, etc. son algo muy cultural. En la cultura hispana, las tradiciones y herencias culturales relacionadas con la superstición son muy ricas. Son muchos los extranjeros que viajan a países hispanos o comunidades hispanas y se quedan asombrados. ¿Te gustaría conocer algunas de estas supersticiones tradicionales?

I.1. Completa la siguiente conversación entre César y Ana Cristina utilizando el presente del indicativo de los verbos entre paréntesis. Ana Cristina le cuenta a César las cosas que ellos nunca hacen, porque dan mala suerte.

1. Nosotros nunca _____ (salir) de casa las noches de luna llena.

2. Nosotros nunca _____ (dejar) unas tijeras abiertas encima de la mesa.

3. Nosotros nunca _____ (cruzarse) con un gato negro.

4. Nosotros nunca _____ (pasar) por debajo de una escalera.

5. Tampoco _____ (mirarse) en un espejo roto.

6. Nosotros nunca _____ (vestirse) con ropa de color amarillo.

7. Tampoco _____ (tirar) sal en el suelo.

8. Nunca _____ (viajar) ni el martes ni el trece.

> EN LA CULTURA HISPANA, DA MALA SUERTE:
>
> - pasar por debajo de una escalera
> - los martes y el trece
> - los gatos negros
> - romper un espejo
> - el color amarillo, sobre todo en la ropa

> DA BUENA SUERTE:
>
> - encontrar un trébol de cuatro hojas
> - ser un novato (por ej., jugar a la lotería por primera vez)
> - las matrículas de coche capicúas
> - los amuletos que se comparten con los amigos íntimos
> - llevar un cuello dentro del suéter y el otro fuera...

I.2. Contesta las siguientes preguntas con tus opiniones utilizando el presente del indicativo.

1. ¿Qué supersticiones conoces?

   _____

2. ¿Crees en las supersticiones?

   _____

3. ¿Tienes algún amuleto?

   _____

4. ¿Qué te da mala suerte? ¿Y qué te da buena suerte?

   _____

II. El aeropuerto

En otro lugar lejos de Nueva York, en Barcelona exactamente, Arturo espera su avión en la sala de espera. Está aburrido. Por eso, observa a las personas y otras cosas en el aeropuerto. También piensa en su costumbre de hacer las reservaciones a tiempo.

II.1. Completa los comentarios que hace Arturo utilizando el presente del indicativo de los verbos entre paréntesis.

1. El turista le _____ (pedir) información a aquella azafata.

2. Yo no _____ (conocer) a nadie aquí. ¡Qué aburrido!

3. Algunos niños _____ (jugar) con aviones de papel.

4. Sus padres _____ (empezar) a frustrarse; la sala de espera es muy pequeña y sus hijos _____ (querer) jugar mucho.

5. Ese señor _____ (hacer) reservaciones en primera clase.

6. Yo _____ (tener) que viajar en clase turista.

7. El detector de metales _____ (sonar) muchísimo.

8. Esa señora no _____ (poder) hacer una reservación y _____ (tener) que estar en la lista de espera.

9. Yo siempre _____ (hacer) las reservaciones con tiempo.

10. ¡Qué bien! Parece que _____ (poder) abordar el avión.

II.2. El monólogo de un viajero frustrado. Arturo, además de ser un muchacho distraído, es muy pesimista y cree que la mala suerte lo acompaña. Hoy debe hacer un viaje y se siente muy, muy frustrado. Escribe oraciones completas en el tiempo presente.

Ejemplo: (yo) no / poder / encontrar / pase
No puedo encontrar el pase.

1. (yo) tampoco / tener / dinero / para comprar / otro boleto

_____

2. (yo) no / saber / a qué hora / partir / el avión

_____

3. lamentablemente / maletas / no llevar / mi nombre

_____

4. (yo) no / recordar / dirección / de / casa

_____

5. (yo) saber / que / (yo) ser / distraído

_____

6. (yo) no / hacer / muy bien / cosas

_____

7. (yo) saber / que / (yo) actuar / como / muchacho / de / quince / años

_____

8. (yo) no / ver / solución / para / mi problema

_____

D. EL FUTURO DEL INDICATIVO

I. Volvemos a Nueva York y vemos que César es bastante escéptico y no cree en las supersticiones de su prima. Sin embargo, cada mañana, César lee la sección de los horóscopos en el periódico.

Toma el periódico de hoy o una revista y lee tu horóscopo. Escribe, utilizando el tiempo futuro, las predicciones para tu signo astrológico.

Ejemplo: *Según el periódico, esta semana **conoceré** a la mujer de mis sueños, **encontraré** un trabajo maravilloso y **viajaré** a las islas Galápagos.*

_____

_____

_____

_____

_____

Lección 2 • 25

II. En España, Rodrigo y su hermano menor Jorge también hablan de viajes. Rodrigo viaja hoy a las islas Baleares, que están cerca de la costa este de España. Estas islas son famosas por sus playas hermosas.

Completa la conversación entre Rodrigo y Jorge con el futuro del verbo indicado.

RODRIGO: Mañana _____(1)_____ (tomar [yo]) el barco en Valencia y _____(2)_____ (llegar) a la Isla Ibiza al atardecer.

JORGE: ¿Cuántos días _____(3)_____ (estar [tú]) en la Isla Ibiza?

RODRIGO: Solamente un día. Después _____(4)_____ (hacer, [yo]) una excursión por las Islas Formentera, Mallorca y Menorca.

JORGE: ¿Cuántos días _____(5)_____ (durar) todo tu viaje?

RODRIGO: Unos quince días. Yo _____(6)_____ (poder) descansar en las playas bonitas de las islas.

JORGE: ¡Qué maravilla! La próxima vez _____(7)_____ (ir [yo]) contigo.

RODRIGO: Tranquilo, dentro de seis meses _____(8)_____ (hacer [yo]) otro viaje y tú _____(9)_____ (tener) que acompañarme.

JORGE: ¡Qué gran idea!

E. EL FUTURO DE PROBABILIDAD

I. ¡Qué cosas se imagina Arturo! Arturo todavía está en el aeropuerto de Barcelona y de pronto se da cuenta de que en la sala de espera, frente a él, hay un muchacho extranjero que parece estar perdido. Arturo en silencio se pregunta quién será ese chico. Escribe las dos formas que expresan posibilidad en el presente.

Ejemplo: ser vasco
Me imagino que es vasco.
Será vasco.

1. no hablar español

2. estar de viaje

3. perder su vuelo

4. quedarse sin dinero

Nombre: _____ Fecha: _____

5. ir a Madrid

_____

_____

6. querer divertirse en Madrid

_____

_____

II. ¡Quién sabe! Observa con atención el siguiente dibujo cómico y escribe un pequeño párrafo expresando lo que ves.

—Caliente, caliente...

Ahora, contesta las siguientes preguntas relacionadas con el dibujo.

1. ¿Qué edad tendrá el chico?

_____

2. ¿Quién será el señor que está detrás del chico?

_____

3. ¿Qué llevará el señor del sombrero en la maleta?

_____

4. Este señor, ¿será contrabandista?

_____

Lección 2

F. PERSPECTIVAS: LECTURA, COMPRENSIÓN Y DISCUSIÓN

I. Lee el artículo de la siguiente página con cuidado y atención. (Utiliza el siguiente mini-diccionario para averiguar el significado de algunas expresiones en **spanglish**.)

DICCIONARIO

No están todos los que son pero sí son todos los que están.
Breve diccionario de spanglish.

blofear	to bluff	engañar, farolear
chequear	to check	comprobar
guachar	to watch	mirar
hacer drink	to have a drink	beber
hacer go	to go	irse
janguear	to hang around	haraganear
liquear	to leak	gotear
lonchar	to have lunch	comer, almorzar
mapear	to mop	fregar
puchar	to push	empujar
realizar	to realize	darse cuenta
rinsear	to rinse	enjuagar
remover el pelo	to remove the hair	depilar
taipear	to type	escribir a máquina
vacunar	to vacuum	pasar la aspiradora
apoinmen	appointment	cita
beisman	basement	sótano
bilding	building	edificio
blouer	to blow hair	secar el pelo
boila	boiler	calefacción
brasier	brassiere	sujetador
chance	chance	oportunidad
carpeta	carpet	alfombra
cloche	clutch	embrague
closet	closet	armario
complain	complaint	queja
cora	quarter	moneda de 25 centavos
corna	corner	esquina
establecimiento	establishment	clase dirigente
estorma	storm	tormenta
estreet	street	calle
frizado	frozen	congelado
qüindo	window	ventana
jira	heater	calentador
marqueta	market	mercado
mofle	muffle	tubo de escape
obertain	overtime	horas extra
rufo	roof	techo
rula	ruler	regla
suera	sweater	jersey
troba	trouble	problema
tan	tan	bronceado
uaifa	wife	esposa
ziper	zipper	cremallera

Nombre: _____   Fecha: _____

EL PERIÓDICO UNIVERSITARIO DE HORIZONTES

Sección Cultura   Ejemplar gratuito

SPANGLISH: una lengua entre dos mundos

Ignorando todos los diccionarios, hoy más de veinte millones de personas en Estados Unidos hablan un mismo idioma, el 'spanglish', una lengua oral que mezcla el inglés y el español sin hacer caso de la gramática.

En el Harlem hispano de Nueva York, y en otros cientos de Barrios de Norteamérica de sangre latina, una nueva lengua se expande. No es *spanish*, ni mucho menos; ni inglés, *of course not*. Es el *spanglish*, idioma de la calle. Y este idioma es la zona fronteriza anárquica entre dos mundos en contacto: el hispano y el inglés. Nació así con las primeras emigraciones a Norteamérica.

El spanglish se desarrolla cada vez más y más. En el spanglish no hay normas gramaticales, para hacer más llana la comunicación oral. El spanglish es como un español repleto de anglicismos, o como un inglés de inconfundible acento hispano.

En los ambientes académicos, el *spanglish* tiene defensores y atacantes. Los defensores creen que es una nueva lengua con identidad propia. Los atacantes opinan que el *spanglish* desaparecerá cuando aumente la educación de las clases medias hispanoestadounidenses.

El peligro del *spanglish* es convertirse en un callejón sin salida que no ayuda a escapar del gueto.

Este lenguaje es patrimonio exclusivo de mexicanos, puertorriqueños, cubanos, dominicanos, colombianos, centroamericanos y otros hablantes de origen hispano. Un español o un anglosajón puros no pueden entender el significado de las expresiones más características del *spanglish*. Esa barrera lingüística levanta un muro infranqueable que impide el acceso laboral.

Sin embargo, hablar en *spanglish* no es un crimen. El *spanglish* es una lengua rica y hermosa. Muchos de sus hablantes trabajan *obertain* toda la semana, pero el *sunday* van de compras a la *marqueta* y pasan la tarde *guatchando* la televisión o haciendo *drinks* con los amigos. Otros hablantes incluso transforman el *spanglish* en poesía. Por ejemplo, los raperos del reino hispanoamericano lo toman en las letras de sus canciones. Y el *hip hop* bilingüe está en los primeros puestos en las listas de éxitos. También la salsa latina baila al son del *spanglish*. E incluso famosos poetas, como Piedro Pietri, neoyorquino nacido en Puerto Rico, publican sus obras en esta nueva lengua. Éste es el pasado y el presente del *spanglish*. ¿Cuál será su futuro?

II. Responde a las siguientes preguntas utilizando la información del artículo.

1. ¿Dónde se expande una nueva lengua: el *spanglish*?
   _____
   _____
   _____

2. ¿Hay normas gramaticales en el *spanglish*? ¿Para qué?
   _____
   _____
   _____

3. ¿Qué creen los defensores del *spanglish*?
   _____
   _____
   _____

4. ¿Qué opinan los atacantes del *spanglish*?
   _____
   _____
   _____

5. ¿Cuál es el peligro del *spanglish*?
   _____
   _____
   _____

6. ¿De quiénes es patrimonio este lenguaje?
   _____
   _____
   _____

7. ¿Qué tipos de música utilizan el *spanglish*?
   a) _____
   b) _____
   c) _____

III. Imagina que estás participando en un debate informal, y tienes que defender tu opinión:
   a) el *spanglish* es una lengua con identidad propia, o
   b) no es una lengua y desaparecerá.
   Organiza tus argumentos para lograr convencer a tus contrarios.
   _____
   _____
   _____
   _____

Nombre: _____ Fecha: _____

G. LAS COMPARACIONES

I. Ana Cristina y César han hablado mucho sobre la situación de los hispanos en Nueva York, en particular, y en los Estados Unidos en general. Ana Cristina no comprende muy bien qué es el *spanglish*. Y César se lo explica.

Completa los siguientes párrafos, utilizando las comparaciones de igualdad, superioridad o inferioridad adecuadas.

Hoy en día, _____ (*more than*) veinte millones de personas en los Estados Unidos hablan un mismo idioma, el 'spanglish': una lengua oral que usa _____ (*as many*) palabras inglesas _____ (*as*) palabras españolas, y las mezcla.

El spanglish es el resultado de un contacto cultural entre anglos e hispanos. Y nació con las primeras emigraciones a Norteamérica.

Hoy en día, en los barrios latinos, las nuevas generaciones, estadounidenses de nacimiento, son bilingües y hablan el español o spanglish _____ (*just as well as*) el inglés. Para ellos, el inglés no es una barrera que les impide el acceso al mercado laboral.

Sin embargo, los más viejos hablan el inglés _____ (*worse than*) el spanglish. Por tanto, la barrera que separa a los hispanohablantes y a los anglohablantes es _____ (*bigger*) en este caso.

En el spanglish, las normas de la gramática son _____ (*less important than*) la jerga de la gente de la calle. El spanglish nace en la calle y es una lengua _____ (*more anarchic than*) las dos lenguas madres: el inglés y el español.

En el spanglish, el inglés influye _____ (*as much as*) el español. Y esa influencia es _____ (*as old as*) la llegada histórica de los emigrantes latinos a los Estados Unidos.

Los lingüistas en las universidades cuestionan la validez del spanglish como lengua. ¿Hablar español es _____ (*better than*) hablar spanglish? ¿Es el español una lengua _____ (*more effective than*) el spanglish, en términos de comunicación? ¿Los hablantes de spanglish escriben _____ (*worse than*) los hablantes de español? ¿Hay _____ (*more Spanish speakers than*) hablantes de spanglish? Si _____ (*more than 90%*) de los hispanoestadounidenses hablan el spanglish, ¿qué importa la gramática? Éstas y otras preguntas están en el centro del gran debate de hoy: ¿Spanglish, sí? ¿Spanglish, no?

II. Arturo todavía está en el aeropuerto y ya conoció a Javier. Javier es vasco, es estudiante y va a los Estados Unidos para pasar dos meses de descanso. Arturo está un poco envidioso. Sabe que Javier es muy rico y puede gozar de unas largas vacaciones en hoteles de primera. Pero de nada le vale ser tan rico si él no sabe divertirse.

Escribe los comentarios de Arturo, añadiendo las palabras necesarias para formar una comparación de superioridad (+) o de inferioridad (-).

Ejemplo: Javier tiene / + / dinero / yo.
Javier tiene más dinero que yo.

1. Yo puedo ir de vacaciones / - / días / Javier

_____

2. Como yo gano / - / dinero / él, siempre tengo que elegir hoteles / - / lujosos

_____

3. Yo no puedo pagar / + / $25 por día. Esa cantidad es / - / la mitad del precio de una habitación de lujo

_____

4. Pero no debo lamentarme más, porque hay gente que es / + / pobre / yo y que se queja / - / yo

_____

5. Bien, creo que me divertiré / + / Javier.

_____

H. LOS SUPERLATIVOS

I. Las calles de las ciudades están siempre llenas de carteles publicitarios. Y las fórmulas favoritas de las agencias publicitarias son los superlativos: **"éste es el mejor perfume"**, **"este coche es el más rápido y el más seguro"**, **"este crucero por Hawaii es el más divertido"**, etc.

En las calles de los barrios hispanos de Nueva York, hay carteles publicitarios en español. En las calles de Madrid hay carteles publicitarios. También hay carteles en el aeropuerto de Buenos Aires, en las calles de Lima, en México... Hay carteles publicitarios por todas partes.
Imagina que trabajas en una agencia publicitaria y tienes que inventar tres anuncios en español muy originales, usando el superlativo. Lee con atención los siguientes lemas *(slogans)* y después inventa tus propios anuncios.

Nombre: _____ Fecha: _____

Lema publicitario 1:
_____
_____
_____

Lema publicitario 2:
_____
_____
_____

Lema publicitario 3:
_____
_____
_____

II. También en una sala de espera, Rosita y Pili esperan su vuelo retrasado a los EE.UU. Por eso, tienen mucho tiempo para hablar. Rosita y Pili a veces están de acuerdo y otras veces no están de acuerdo. Completa el comentario con el antónimo de la palabra indicada.

Ejemplo: —Mira esa fotografía del presidente de la Compañía Aérea. Es **delgadísimo**.
—¡No lo puedo creer! Antes era *gordísimo*.

1. Nuestro avión llegará **tardísimo**.

   Es extraño. Generalmente siempre llega _____.

2. Además, los precios de los billetes estaban **altísimos**.

   Yo creo que ahora, con la devaluación de la peseta, están _____.

3. Este aeropuerto es **grandísimo**.

   No sé por qué me imaginaba que era _____.

4. La empleada en el mostrador de esta línea aérea es **lentísima**.

   ¡No digas tonterías! Yo creo que es _____.

5. Todos los empleados en el aeropuerto trabajan **muchísimo**.

   Es necesario. El año pasado tuvieron problemas económicos porque trabajaron _____.

6. En general, la calidad de los servicios es **buenísima**.

   Sí, tenemos suerte. En otros aeropuertos es _____.

¡Es una cabezota y cree que siempre tiene razón!

¡ES UNA CABEZOTA Y CREE QUE SIEMPRE TIENE RAZÓN!

Nombre: _____ Fecha: _____

I. COMPARATIVOS Y SUPERLATIVOS

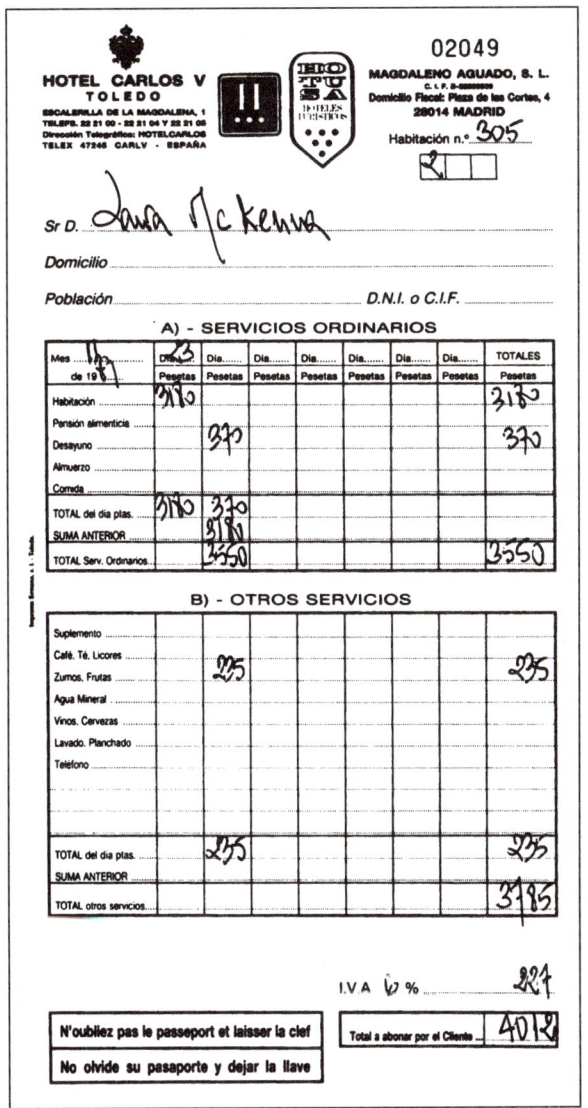

De regreso de su viaje a España, Laura hace algunos comentarios sobre su visita a Cáceres y a Toledo. Completa las siguientes oraciones con los elementos de comparación que hacen falta (**más/menos... que, más/menos... de, tanto/-a/-os/-as... como**) o los superlativos adecuados.

1. Los precios del parador de turismo de Cáceres eran bastante caros. Una habitación individual por noche costaba _____ _____ 6.500 pesetas.

2. De hecho, los hoteles _____ caros _____ España son los paradores. Por eso, casi nunca voy a los paradores.

3. La habitación que tuve en el hotel Carlos V en Toledo costaba sólo 3.785 pesetas y era mucho _____ grande que la habitación en Cáceres.

4. Además, el desayuno en el hotel de Toledo costaba _____ _____ 400 pesetas y el desayuno en el parador costaba _____ _____ doble. En el parador desayuné un café con leche y una tostada; y fue la tostada _____ cara _____ he comido en la vida.

Lección 2 • 35

5. Cáceres es una de las ciudades _____ calurosas de España. Y el calor es _____ seco _____ en cualquier otra ciudad del sur de España. En la habitación del parador de turismo de Cáceres hacía _____ calor _____ en la habitación del hotel de Toledo. Eso era así porque las habitaciones del parador tenían aire acondicionado, y las habitaciones del hotel no.

6. El número de turistas en Cáceres y en Toledo es muy similar. Había _____ turistas en Cáceres _____ en Toledo.

7. En Toledo hay muchos monumentos históricos famosos. Por Toledo pasa el río _____ largo _____ la Península Ibérica. Se llama río Tajo. Por eso, Toledo es_____ rica _____ otras ciudades por su importante patrimonio histórico y geográfico. Sin embargo, Toledo es _____ conocida que las ciudades mediterráneas, porque en Toledo no hay playa. A los turistas extranjeros les gusta Alicante _____ _____ Toledo.

8. Conozco Toledo _____ _____ Cáceres, porque en Cáceres no pude salir mucho. Después de pagar la habitación del parador, ¡no tenía dinero para visitar los museos, los restaurantes u otros lugares en la capital cacereña!

J. ¡OJO CON ESTAS PALABRAS!

I. Completa el diálogo con la(s) palabra(s) apropiada(s).

SUSANA: ¿Cuánto _____₁ (tiempo / rato) estuviste en Toledo?

ELENA: Estuve solamente un día y no tuve _____₂ (rato / tiempo) para nada. El año pasado visité varias _____₃ (épocas / veces) la ciudad de Toledo y _____₄ (me divertí / me acabé) mucho.

SUSANA: ¿Cuál es la mejor _____₅ (época / vez) para visitar la ciudad?

ELENA: En la primavera, antes de la llegada de los turistas. Sin embargo, Raúl _____₆ (acaba / acaba de) escribirme que este año, debido al buen _____₇ (tiempo / rato), el turismo ya ha comenzado. Dice que es la primera _____₈ (época / vez) que ve tanta gente por las calles en el mes de abril.

SUSANA: ¿Tienes algunas fotos de Toledo?

ELENA: Sí, saqué muchísimas. Si me esperas un _____₉ (rato / tiempo) te las muestro.

SUSANA: Vendré otro día. Es _____₁₀ (hora / época) de volver al trabajo.

II. José está esperando a Rosita y a Pili en el aeropuerto de JFK de Nueva York. El avión llega con mucho retraso y está un poco preocupado. Completa los siguientes pensamientos de José con la(s) palabra(s) apropiada(s).

1. Mis amigas Rosita y Pili vienen _____ (muchos tiempos / muchas veces) a Nueva York para pasar las vacaciones conmigo.

Nombre: _____ Fecha: _____

2. Los tres juntos siempre _____ (nos divertimos / tenemos un buen tiempo). Por eso las invito a venir todos los veranos.

3. En _____ (el tiempo / la época) del verano, los vuelos no son muy baratos. Pero nosotros sólo tenemos vacaciones en agosto. Durante el resto del año, trabajamos todo _____ (el tiempo / la época) y nunca tenemos _____ (tiempo / hora) para pasar un fin de semana juntos.

4. Este mes de agosto ellas vienen por poco _____ (tiempo / rato) a mi casa en Nueva York, porque quieren visitar el resto de la costa este de los EE.UU. Yo iré con ellas. _____ (Cada tiempo / Cada vez) que estamos juntos, queremos viajar y conocer nuevos lugares.

5. La azafata dice que el avión ya está aquí. ¡Ya es _____ (tiempo / hora)! Son las tres de la tarde y el avión llega con dos _____ (ratos / horas) de retraso.

6. ¡No puedo creer que voy a ver a mis amigas _____ (dentro de un rato / en un corto tiempo). ¡Estoy tan contento! Hace _____ (tiempo / hora) que estoy esperando este momento.

K. ¡EXPRÉSATE POR ESCRITO!

1. ¿Cuáles son las ventajas de viajar en avión?
   _____
   _____

2. ¿Qué es un pasaporte y para qué sirve?
   _____
   _____

3. ¿Cuáles son algunos de los trabajos de la azafata (el aeromozo) durante el vuelo? ¿Qué anuncian? ¿Qué sirven? ¿A quiénes atienden?
   _____
   _____

4. ¿Por qué muchas personas tienen miedo de viajar en avión?
   _____
   _____

5. ¿Qué hace la persona que trabaja en la recepción de un hotel?
   _____
   _____

6. ¿Qué debe saber un(a) turista que llega por primera vez a los Estados Unidos?
   _____
   _____

7. ¿Cuáles son, según tu opinión, algunas de las ventajas de los hoteles de cinco estrellas (★★★★★)?
   _____
   _____

8. ¿Qué planes de viaje tienes para el futuro?
   _____
   _____

Nombre: _____ Fecha: _____

Manual de laboratorio

I. FRAGMENTO DE UNA OBRA DE TEATRO

Ud. va a escuchar una escena de una obra de teatro que tiene lugar en el andén de una estación de tren. Don Justino y don Feliciano aparecen corriendo con dos enormes maletas.

VIAJEROS, AL TREN
C. B. Naulart

EJERCICIOS DE COMPRENSIÓN

A. Primera parte. Escuche las siguientes oraciones basadas en la primera parte de *Viajeros, al tren*. Después indique con un círculo si las afirmaciones están de acuerdo con la escena que ha escuchado. Cada oración se leerá dos veces.

1. Sí   No
2. Sí   No
3. Sí   No
4. Sí   No

B. Segunda parte. Escuche las siguientes oraciones basadas en la segunda parte de *Viajeros, al tren*. Después indique con un círculo si las afirmaciones están de acuerdo con la escena que ha escuchado. Cada oración se leerá dos veces.

1. Sí   No
2. Sí   No
3. Sí   No
4. Sí   No

C. ¿Qué piensa? Lea las siguientes preguntas basadas en *Viajeros, al tren*. Después contéstelas en el espacio indicado.

1. Qué refrán sería un equivalente en inglés al que dice Justino, "el que se levanta tarde no oye misa ni come carne?"

   _____
   _____

2. Si no fuera por el tren de las siete y media, ¿habría existido otras posibilidades para los dos señores? ¿Cuáles serían?

   _____
   _____
   _____

Lección 2 • 39

3. ¿Cómo reaccionaría si esta situación le pasara a Ud.? ¿Actuaría como don Justino o como don Feliciano? ¿Por qué?

_____

_____

_____

II. PRONUNCIACIÓN

LAS VOCALES

Los cinco sonidos vocálicos en español son *a, e, i, o* y *u*. A diferencia del inglés, cada vocal tiene un solo sonido básico. Todas las vocales son de corta duración y tienen una articulación más tensa que en inglés. Es importante no cambiar la posición de los labios durante la pronunciación de las vocales para evitar la tendencia a diptongar las vocales acentuadas.

* * *

La *a* se pronuncia con la boca abierta en redondo. Escuche y contraste:

inglés	español
*c*ap	capa
*b*alloon	bala

Ahora, escuche y repita:

Ana	lana	caro	hasta mañana
ala	salsa	clima	Panamá
masa	sola	pluma	banana

* * *

La *e* se pronuncia con los labios en forma de óvalo horizontal. Escuche y contraste:

inglés	español
*K*ay	que
*m*et	meta
*b*aby	bebé

Ahora, escuche y repita:

ese	crema	sabe	emprender
entre	fecha	cena	envolver
Pepe	pague	meses	empezar

* * *

La *i* se pronuncia como la *e* pero con la boca más cerrada. Escuche y contraste:

inglés	español
*s*ea	sí
*p*ique	pica
*l*azy	casi

Ahora, escuche y repita:

niña	así	miga	hijita
Lima	rubí	finca	difícil
visa	vivir	piso	militar

* * *

Nombre: _____ Fecha: _____

La **o** se pronuncia con la boca en forma de **o**, con los labios más cerrados que para la **a**. Escuche y contraste:

inglés	**español**
n*o*	no
p*o*cket	poco

Ahora, escuche y repita:

oso	poco	vaso	oponer	como	cosa
ocho	loma	Paco	osado	peso	operación

* * *

La **u** se pronuncia como la **o**, pero con los labios aún más cerrados. Escuche y contraste:

inglés	**español**
C*u*ba	Cuba
s*u*m	suma
l*oo*t	luto

Ahora, escuche y repita:

uno	fumo	subí	lúgubre	puma	puse
usa	luna	música	Uruguay	gusto	pulular

* * *

Ahora, practique las vocales:

laza	loza	reza	rusa	misa
lesa	luza	risa	mesa	moza
lisa	raza	rosa	mesa	musa

III. PRÁCTICA ORAL

A. LOS PRONOMBRES PERSONALES

Ud. oirá una pregunta. Contéstela afirmativamente usando el pronombre personal apropiado. Después, escuche y repita la respuesta correcta.

Ejemplo: Ud. oirá: ¿Quién es? ¿Juan?
Conteste Ud.: *Sí, es **él**.*

B. EL PRESENTE DEL INDICATIVO

Ud. oirá una pregunta en el presente. Conteste la oración. Después, escuche y repita la respuesta correcta.

Ejemplo: Ud. oirá: ¿A qué hora comienzas a trabajar? ¿A las ocho?
Conteste Ud.: *Sí, **comienzo** a trabajar a las ocho.*

C. EL FUTURO DEL INDICATIVO

Ud. oirá una pregunta. Conteste en forma negativa reemplazando **ir a** + **infinitivo** por el futuro. Después, escuche y repita la oración correcta.

Ejemplo: Ud. oirá: ¿Vas a llamar a la agencia de viajes?
Conteste Ud.: *No, no **llamaré** a la agencia de viajes.*

D. EL FUTURO PARA EXPRESAR CONJETURA EN EL PRESENTE

Ud. oirá una oración. Modifique la oración usando el verbo en el futuro para expresar posibilidad en el presente. Después, escuche y repita la oración correcta.

Ejemplo: Ud. oirá: Probablemente llegan en avión.
Diga Ud.: ***Llegarán** en avión.*

E. LAS COMPARACIONES DE DESIGUALDAD

Ud. oirá una pregunta. Contéstela estableciendo una comparación de superioridad. Después, escuche y repita la respuesta correcta.

Ejemplo: Ud. oirá: ¿Es difícil subir y bajar la maleta?
Conteste Ud.: *Es **más** difícil subir que bajar la maleta.*

F. LAS COMPARACIONES DE IGUALDAD

Ud. oirá dos oraciones. Combínelas y establezca una comparación de igualdad. Después, escuche y repita la respuesta correcta.

Ejemplo: Ud. oirá: Él viaja mucho. Yo también viajo mucho.
Diga Ud.: *Él viaja **tanto como** yo.*

IV. COMPRENSIÓN AUDITIVA

A. EL PROBLEMA DE UNA TURISTA

Ud. oirá algunas palabras y frases que aparecen en el siguiente relato. Repita cada una de ellas y lea su traducción al inglés. Ud. las necesitará para la comprensión de la anécdota.

los calcetines   *socks*
el dependiente   *clerk, employee*
mover la cabeza   *to shake one's head*
un poco molesto   *somewhat annoyed*
¡Eso sí que es!   *That's it!*

B. EJERCICIO DE COMPRENSIÓN

Ud. oirá la primera parte de una oración sobre el relato *El problema de una turista* y tres terminaciones posibles. Indique con un círculo la terminación más lógica. La oración y las terminaciones se leerán dos veces.

1. a   b   c
2. a   b   c
3. a   b   c
4. a   b   c
5. a   b   c

Nombre: _____ Fecha: _____

Lección 3 *¿Cómo son los estudios en tu país?*

Manual de ejercicios

A. VOCABULARIO

Completa las siguientes oraciones seleccionando la(s) palabra(s) precisa(s) de la lista. Si es necesario, conjuga los verbos.

    beca   calificaciones   catedráticos
    conferencia   Facultad   lectura
    matricularse   reprobar   título
    tomar apuntes

1. Para entrar a una universidad, primero hay que _____.

2. En la _____ de Filología se estudian varias lenguas y literatura.

3. Los _____ son profesores que enseñan en la universidad.

4. Los estudiantes que salen bien en los exámenes reciben buenas _____.

5. El profesor dio una _____ sobre el sistema educativo en los Estados Unidos. Después nos dio fotocopias de una _____ sobre el tema. Su autor era un periodista del *New York Times*.

6. Los malos alumnos generalmente _____ el curso.

7. Si un buen estudiante desea estudiar en una universidad extranjera y no tiene dinero, puede solicitar una _____.

8. Al terminar la licenciatura el estudiante recibe su _____ profesional.

9. Los estudiantes _____ durante las conferencias para poder recordar la materia.

B. LOS VERBOS REFLEXIVOS

   I. **Problemas estudiantiles.** A veces, debido a la tensión del estudio, hay dificultades entre los profesores y los alumnos. Lee con atención el diálogo entre Manolo y Virginia, dos estudiantes de la Universidad de Lima. Después, completa con el pronombre reflexivo si el verbo es reflexivo. Si no es reflexivo, pon **0**.

    MANOLO: ¿Tú _____(1)_____ acuerdas de aquella reunión en la que los estudiantes _____(2)_____ negaban a leer tantos libros?

    VIRGINIA: ¡Ya lo creo! Fue la semana pasada.

    MANOLO: Pues bien, _____(3)_____ parece que a la profesora le molestó la actitud de los muchachos y no quiso hablar del asunto.

    VIRGINIA: ¿Y qué pasó?

MANOLO: Los estudiantes _____ acordaron presentar una queja al rector de la universidad y _____ fueron a verlo a su despacho. El rector _____ llamó a la
profesora y todos _____ sentaron a hablar del asunto. La profesora, con voz
firme, dijo: "Si no leemos todos los libros no cubriremos la materia y yo no
_____ sentiré satisfecha".

VIRGINIA: ¿Comprendieron los chicos las razones que dio la profesora?

MANOLO: Así dicen. Lo cierto es que los estudiantes _____ calmaron, _____
despidieron del rector y _____ fueron a preparar la prueba.

II. Por la mañana. Mónica se levanta todas las mañanas a las ocho de la mañana. Tiene clase de creatividad a las nueve de la mañana en la Facultad de Publicidad. Antes se ducha, se lava el pelo, se lo seca, se viste y desayuna a toda velocidad. Aunque no tiene mucho tiempo, Mónica siempre se maquilla todas las mañanas, antes de ir a la universidad. Se pone crema de maquillaje; se pinta con sombras de ojos; se pinta los labios, se pone rimel en las pestañas... y sale de casa guapa y contenta. ¡Es una coqueta! ¿Qué haces tú por la mañana antes de salir de casa? ¿Te duchas? ¿Te afeitas? ¿Desayunas? Escribe cuatro oraciones utilizando verbos reflexivos. Escribe otras cuatro oraciones utilizando verbos no-reflexivos.

1. _____
2. _____
3. _____
4. _____
5. _____
6. _____
7. _____
8. _____

C. *ESTAR* + ADJETIVO

Termina la oración usando **estar** + *adjetivo*. Pon atención al tiempo verbal. Si deseas, puedes usar algunos de los siguientes adjetivos.

preocupado	nervioso	contento	alegre
cansado	emocionado	furioso	ocupado
preparado	triste	satisfecho	atrasado

Ejemplo: Cuando voy a la clase de español siempre *estoy preparada*.

1. El día del examen todos los estudiantes...

_____

2. Cuando saco una A...

_____

3. Generalmente, los lunes mis amigos y yo...

_____

Nombre: _____ Fecha: _____

4. Al llegar el fin de semana todos...
_____

5. Mi hermana no encuentra sus libros, por eso...
_____

D. SER O ESTAR

  I. Observa con atención el dibujo de Juan Ballesta. Después, completa las oraciones con la forma correcta de **ser** o **estar**.

  1. El señor _____ muy contento porque cree que su perro _____ muy inteligente.
  2. El perro _____ sentado frente a su dueño.
  3. El señor no _____ muy joven. Parece que ese señor _____ aburrido de la vida.
  4. La esposa, que _____ muy joven, _____ detrás del señor.
  5. La señora _____ furiosa porque su esposo _____ hablando con el perro y no con ella.

  II. El sistema educativo hispano. Lee el siguiente artículo y contesta las preguntas que siguen.

  El sistema universitario tradicional <u>ES</u> anual. Y las carreras <u>SON</u> de tres años (como Magisterio), cuatro (como Ingeniería Técnica), cinco (como Filosofía) o seis años (como Medicina o Ingeniería Superior). Las asignaturas en cada carrera <u>SON</u> siempre las mismas. Si un estudiante estudia Arquitectura, sus asignaturas <u>SON</u>, obligatoriamente, matemáticas, física, dibujo técnico, estética, historia del arte... Si un estudiante estudia Periodismo, sus asignaturas <u>SON</u> comunicación de masas, teoría económica, lengua, derecho constitucional a la información, etc. Los estudiantes no eligen. Cada año se matriculan en las asignaturas obligatorias.

Lección 3 • 45

Los exámenes también SON anuales. Hay dos convocatorias anuales para cada asignatura. La primera ES en junio, y la segunda ES en setiembre. En general SON seis o siete asignaturas por curso. Por tanto, junio ES el peor mes para todos los estudiantes. En junio, las bibliotecas ESTÁN llenas de gente; los despachos de los profesores ESTÁN llenos de estudiantes con millones de dudas. Los alumnos ESTÁN nerviosos y cansados; y los profesores ESTÁN deseosos de terminar. El tiempo ES bueno, ya ES verano; y los estudiantes no ESTÁN con ganas de estudiar. Los exámenes SON difíciles porque SON de toda la materia estudiada en todo un año. Y después de dos semanas de exámenes, los estudiantes ESTÁN para desmayarse de estrés.

Actualmente el sistema ESTÁ cambiando. En muchas partes del mundo hispano, las universidades ESTÁN incorporando el sistema de las asignaturas optativas. Y también en algunos países se ESTÁ transformando el sistema anual en sistema semestral. Los estudiantes van a tener que acostumbrarse a ¡estudiar menos materia! ¡más veces al año!

1. ¿Cómo es el sistema universitario hispano? ¿Es anual, semestral o trimestral?
   _____

2. ¿De cuántos años son las carreras universitarias?
   _____

3. ¿Cúales son las asignaturas de un estudiante de Arquitectura?
   _____

4. ¿Cómo son los exámenes?
   _____

5. ¿Cuándo son las dos convocatorias de exámenes?
   _____

6. ¿Cómo están las bibliotecas en junio?
   _____

7. ¿Cómo están los alumnos en época de exámenes? ¿Y los profesores?
   _____

8. ¿Por qué son difíciles los exámenes de junio?
   _____

9. ¿Prefieres el sistema anual o el trimestral? ¿Por qué?
   _____

E. *SER, ESTAR, TENER, HABER* Y *HACER*

Primer día de clase de Chad. Completa las oraciones con la forma correcta de **ser**, **estar**, **tener**, **haber** o **hacer**.

Hoy _____(1) 3 de marzo. _____(2) las ocho de la mañana. Mientras desayuna, Chad _____(3) escuchando la radio. El periodista dice que _____(4) fresco pero el cielo

Nombre: _____ Fecha: _____

_____ claro y no _____ nubes. La temperatura en este momento _____
        5   6   7
de once grados centígrados. Se anuncia que hasta el mediodía va a _____ sol y la tempe-
                                                                  8
ratura subirá hasta quince grados.

Chad no _____ frío. De hecho, él _____ sudando. Chad _____ muy
           9   10   11
nervioso, porque hoy _____ su primer día de clase en la Universidad de Lima. Chad
                       12
_____ ganas de conocer a sus nuevos compañeros de clase, pero _____ miedo de
   13   14
los profesores. Él _____ muy buen estudiante y él siempre tiene buenas notas. Pero este
                    15
año él _____ que estudiar mucho porque las clases en la universidad peruana
         16
_____ muy difíciles. Él sabe que _____ más de cien estudiantes en cada clase. Y
   17   18
por eso, _____ nervioso.
           19

La radio dice que ya _____ las ocho y media. Su clase de las culturas prehispánicas
                      20
_____ a las nueve. Chad _____ que correr, porque no quiere llegar tarde a clase el
   21   22
primer día.

F. EXPRESIONES CON *ESTAR* Y *TENER* QUE EXPRESAN *TO BE*

Completa las oraciones usando una de las siguientes expresiones.

estar de acuerdo	tener sueño
estar de vacaciones	tener cuidado
estar harto	tener prisa
estar de viaje	tener razón

Ejemplo: —¿Está de mal humor la profesora?
—*Sí, y creo que **tiene razón**. Los estudiantes no han hecho la tarea.*

1. —¿Por qué no llama Juan?
   _____

2. —¿Por qué corres tanto?
   — _____ por llegar a la oficina de mi profesor para entregar mi proyecto
   antes de las cinco.

3. —¿Tendremos otra reunión si los estudiantes no _____ con el proyecto?
   —Por supuesto, pero por ahora, creo que todos nosotros _____ de reuniones.

4. —¿Por qué se van Uds. a acostar tan temprano?
   _____

5. ¿Qué le pasa a esta niña que se cae constantemente?
   —No _____ al caminar.

6. —Hace dos semanas que no veo a tus hermanas. ¿Dónde están?
   — _____. Hoy regresan.

G. *ESTAR* CON EL GERUNDIO PARA EXPRESAR PROGRESIÓN

Desde esta mañana Chad y algunos de sus compañeros están buscando libros para un informe sobre el Imperio Azteca que tienen que presentar mañana en su clase de culturas prehispánicas. Emplea la forma progresiva y completa la oración.

Ejemplo: Buscamos referencias sobre...
Estamos buscando referencias sobre la civilización de los aztecas en México.

1. **Esperamos** la apertura de la Casa del Libro para...

   _____
   _____

2. La Casa del Libro **trata** de ayudar a los estudiantes ofreciéndoles...

   _____
   _____

3. Esta semana en la Casa del Libro **presentan** una Muestra del Libro Mexicano y todos nosotros podemos...

   _____
   _____

Nombre: _____ Fecha: _____

4. Chad **prepara** su informe sobre la artesanía...

_____

_____

5. Juan **piensa** comprar algunos libros para...

_____

_____

6. Como nosotros **comenzamos** el nuevo curso, queremos...

_____

_____

H. EXPRESIONES DE OBLIGACIÓN Y PROBABILIDAD

I. Y después de la licenciatura... ¿qué? Selecciona en cada caso una de las siguientes formas: **tiene que, debe (de), hay que, han de, deben, tienen que.**

Los estudiantes, con el título de licenciado en la mano y la sonrisa en la boca, de repente se dan cuenta de que tienen que decidir cuál será el siguiente paso. ¿Dejar de estudiar y buscar un trabajo? ¿O seguir estudiando? Cuando un estudiante decide seguir estudiando, en el Perú, puede hacer un máster o entrar en un programa de doctorado.

Para hacer el programa de doctorado, el estudiante _____1_____ matricularse y asistir a cursos durante dos años. En esos cursos, la investigación es muy importante y _____2_____ dedicar mucho tiempo a buscar documentación y leer libros y artículos. Otro requisito es que _____3_____ escribir un trabajo al final de cada curso, para demostrar que ha aprovechado el tiempo. Supuestamente, esos trabajos _____4_____ estar relacionados con el tema de la tesis. Y, supuestamente también, _____5_____ ayudar al estudiante a convertirse en un futuro y eficaz investigador.

Después de los dos años tomando cursos, el estudiante _____6_____ escribir la tesis. En todas las tesis _____7_____ descubrir algo nuevo, ser original, demostrar o resolver algún problema. Por eso, los estudiantes, antes de empezar a escribir, _____8_____ dedicar tiempo a pensar y reflexionar sobre sus teorías. Y después de terminar de escribir, _____9_____ dedicar tiempo a releer y corregir los posibles errores.

En la mayoría de las universidades peruanas, los estudiantes _____10_____ defender su tesis ante un tribunal. Y si el tribunal acepta la tesis, el estudiante se convierte en doctor.

A esas alturas, probablemente, el estudiante _____11_____ tener hijos, nietos y, tal vez, biznietos.

II. ¡Asesórate de todo en el Teléfono de Información al Joven! Imagina que trabajas en la Oficina de Información al Joven. Los estudiantes llaman todos los días al 900 20 00 00 para pedir información sobre becas y ayudas, másters y cursos de postgrado, carreras universitarias, estudios en el extranjero, etcétera. Tú tienes que darles la información necesaria. Utiliza las expresiones de obligación y probabilidad siguientes: **tener que** + *infinitivo*, **deber (de)** + *infinitivo*, **haber (hay) que** + *infinitivo*, **haber de** + *infinitivo*.

Ejemplo: ESTUDIANTE: Buenos días. Quiero pedir una beca para estudiar. ¿Qué tengo que hacer?

TÚ: *Para pedir una beca, **hay que cumplir** unos requisitos necesarios. **Hay que tener** poco dinero y **hay que ser** muy buen estudiante. Si tú eres buen estudiante, **tienes que pedir** dinero al Gobierno. Las becas se solicitan el próximo mes. **Tendrás que pedir y rellenar los formularios** entonces y **tendrás que enviar** tu currículum y tu Declaración de Renta a la Oficina de Becas del Gobierno. **Debes preparar** tu currículum muy cuidadosamente, porque más de 200.000 estudiantes **deben de estar** preparando sus currículums ya.*

1. ESTUDIANTE: Buenos días. Quiero ir a estudiar al extranjero, tal vez a México. ¿Qué tengo que hacer?

   TÚ: _____

2. ESTUDIANTE: Hola. Quiero ser *Au-Pair* en los Estados Unidos. ¿Qué tengo que hacer?

   TÚ: _____

Nombre: _____ Fecha: _____

3. ESTUDIANTE: Quiero matricularme en la Facultad de Medicina. ¿Qué tengo que hacer?
   Tú: _____
   _____
   _____
   _____
   _____

4. ESTUDIANTE: Quiero estudiar un máster en medioambiente. ¿Qué tengo que hacer?
   Tú: _____
   _____
   _____
   _____
   _____

I. LAS PREPOSICIONES *EN* Y *DE*

Contesta las preguntas con **en** o **de**.

Ejemplo: —¿Dónde dejaste tu pluma?
—La dejé *en* la mesa pero ahora no la encuentro.

1. —¿Qué origen tiene tu compañero(a) de clase?
   —Es ____ Argentina. Nació ____ la ciudad de Córdoba.

2. —¿Cómo te sientes después del primer día de clase?
   —Mal, muy mal. Me muero ____ hambre.

3. —¿Cómo es la falda de tu uniforme escolar?
   —Es una falda marrón ____ algodón.

4. —¿Vendrás por mí después de tu clase de física?
   —____ quince minutos estaré ____ tu casa.

5. —¿A quién le pertenece este libro?
   —Es ____ Matilde. Lo dejó ____ la clase.

6. —¿Dónde será la reunión de estudiantes graduados?
   —____ la Facultad de Ingeniería.

7. —¿Por qué estás tan contenta?
   —Siempre me alegro ____ verte por aquí.

8. —¿Cuándo piensas graduarte?
   —____ junio, si Dios quiere.

Lección 3 • 51

J. ¡OJO CON ESTAS PALABRAS!

I. Completa el diálogo con la(s) palabra(s) apropiada(s).

EVA: ¡Hola, Jaime! ¡Cuánto tiempo sin verte! ¿No quieres _____ (quitarte / llevarte)¹ el abrigo y sentarte a charlar un _____ (rato / tiempo)² conmigo?

JAIME: Me gustaría, pero no cuento con mucho tiempo porque tengo un examen a la una. Además _____ (estoy / soy)³ nervioso porque si _____⁴ (fracaso / suspendo) el examen me van a echar de la universidad.

EVA: ¿Todavía _____⁵ (llevas / tomas) exámenes? Creí que habías _____⁶ (quitado / dejado de) estudiar para montar tu propio negocio.

JAIME: Pues... lo intenté. Pero al final lo tuve que _____⁷ (dejar / quitar) porque el negocio _____⁸ (fracasó / reprobó). Mi socio _____⁹ (llevó / se llevó) todo el dinero.

EVA: ¡Qué mala suerte!

JAIME: Ahora tengo que irme porque _____¹⁰ (faltan a / faltan) quince minutos para la una y si _____¹¹ (falto al / falto el) examen, ¡me muero!

EVA: ¿Dónde _____¹² (está / es) el examen?

JAIME: ¡Uf! Bien lejos. En la Facultad de Filología.

EVA: Si quieres te _____¹³ (tomo / llevo) en mi coche.

JAIME: Gracias, pero prefiero caminar. ¡No me gusta _____¹⁴ (dejar de / faltar de) caminar! Te llamaré muy pronto.

II. El último día de clase. ¡Chachi piruli! Hoy acaban las clases del trimestre de primavera. Los chicos y chicas están contentísimos, porque hoy, por la tarde, empiezan las vacaciones de verano. Sin embargo, hay algunos estudiantes que tienen que estudiar durante el verano. Completa la conversación entre estos dos amigos (uno de ellos es afortunado, y el otro no), utilizando **acabar**, **acabarse** o **acabar de**.

—¡Hurra! ¡Bien! ¡Chachi piruli! ¡Dabuten! ¡Genial! ¡Estupendo! ¡Maravilloso!... Hoy es el último día de clase. ¡Por fin _____¹ el trimestre. No lo puedo creer. _____² hacer el último examen y... me voy de vacaciones a Hawaii. ¡Je, Je!

—Pero, ¿cuándo tienes que _____³ el trabajo de veinte páginas que es un requisito para aprobar tu clase de filosofía?

—Lo tengo que _____⁴ hoy por la noche y ¡ya está!

—¡Qué suerte tienes! Para ti, la vida universitaria _____⁵ hoy, sólo te quedan unas pocas horas delante de la computadora. Y ya puedes empezar a buscar un trabajo... ¡en Hawaii! Sin embargo, mírame a mí. _____⁶ matricularme hoy mismo en el curso de verano. Y ya estoy ¡AL BORDE DE UN ATAQUE DE NERVIOS!

Nombre: _____ Fecha: _____

K. ¡EXPRÉSATE POR ESCRITO!

1. ¿Cuáles son las ventajas de vivir en una residencia estudiantil?

   _____
   _____
   _____
   _____

2. ¿Qué reformas te gustaría ver en la universidad?

   _____
   _____
   _____
   _____

3. ¿En qué facultad de la universidad estás inscrito(a)? ¿Cómo decidiste inscribirte en ésa?

   _____
   _____
   _____
   _____

4. ¿Cuáles son algunas diferencias entre la universidad y la escuela secundaria?

   _____
   _____
   _____
   _____

5. ¿Qué piensas hacer después de terminar tus estudios?

   _____
   _____
   _____
   _____

6. ¿A qué hora te levantas para ir a la universidad? Y los sábados, ¿a qué hora te levantas?

   _____
   _____
   _____
   _____

Lección 3

7. Di tres cosas que haces antes de salir para la universidad.

8. Di tres cosas que haces cuando vuelves a casa.

9. ¿Quién estudia más, tú o tus compañeros(as)?

10. ¿En cuáles actividades participas cuando no estás en clase y cuando no tienes que estudiar?

L. PERSPECTIVAS: LECTURA, COMPRENSIÓN Y DISCUSIÓN

I. Lee el artículo de la siguiente página con cuidado y atención y contesta las siguientes preguntas.

1. Cuando los estudiantes votan cada año, ¿qué dan a las mejores o peores cosas de la universidad?

2. ¿Cuántos alumnos han depositado ya su voto en las urnas del campus?

3. ¿Cuál es el último día para votar?

Nombre: _____ Fecha: _____

EL PERIÓDICO UNIVERSITARIO DE HORIZONTES

Sección Cultura   Ejemplar gratuito

Cada año los estudiantes votan y dan birretes o calabazas a las mejores o peores cosas en su universidad

BIRRETES Y CALABAZAS

Las votaciones estudiantiles de este curso académico no han terminado en la Universidad de Lima. Hasta el momento, 35.000 alumnos han depositado su voto en las urnas del campus. Pero muchos estudiantes no han votado todavía. Se cree que lo harán durante la última semana de clase. Si tú no has votado todavía, ¡anímate! ¡Es tu oportunidad para expresar tus quejas y tus gustos! Acércate a las mesas electorales situadas frente a la Facultad de Medicina. Toma una papeleta con el dibujo del birrete y escribe el nombre de la persona o cosa que merece un birrete en tu opinión. Después toma una papeleta con el dibujo de la calabaza y escribe el nombre de la persona o cosa que ha suspendido el curso. El 7 de junio es el último día para votar. ¡Date prisa! Los resultados de las votaciones se publicarán en todos los periódicos al día siguiente. ¡Vota! ¡Tu opinión es importante!

Roberto
Doy un birrete a la Asociación de Estudiantes de la Universidad, que defiende los derechos de los estudiantes. Esta asociación nos representa en las Sesiones Parlamentarias sobre Educación y el año pasado consiguió una reducción del precio de la matrícula del curso.

Cristina
Doy una calabaza a la semana de los exámenes finales. El estrés, la caza de apuntes y la preocupación sustituyen a la diversión, al relax y a los buenos ratos. Los exámenes son un agobio. Además, creo que no son una buena forma para evaluar los conocimientos del estudiante.

Borja
Doy un birrete a las fiestas de comienzo de curso. Las fiestas son una forma excelente para conocer gente y hacer buenos amigos. Las fiestas en el campus son muy divertidas, porque hay música, concursos, bailes... y todos lo pasan muy bien. Yo voy a todas las fiestas, pero la Fiesta de la Facultad de Económicas es mi favorita.

4. ¿Dónde se publicarán los resultados de las votaciones?

5. ¿A quién da Roberto un birrete? ¿Por qué?

6. ¿A qué da Cristina una calabaza? ¿Por qué?

7. ¿A qué da Borja un birrete? ¿Por qué?

II. Imagina que en tu colegio o universidad se van a celebrar unas votaciones para elegir la mejor cosa y la peor cosa del año. Escribe el nombre de la persona o cosa que merece un birrete en tu opinión. Explica las razones. Escribe también el nombre de la persona o cosa que merece una calabaza en tu opinión. Explica las razones.

Nombre: _____ Fecha: _____

Manual de laboratorio

I. OBRA DE TEATRO EN UN ACTO

Ud. va a escuchar una obra de teatro en la que don Armando habla con su hijo Pepe sobre sus estudios.

DON ARMANDO Y PEPE
Luisa Josefina Hernández (*México*)

EJERCICIOS DE COMPRENSIÓN

A. Primera parte. Escuche las siguientes oraciones basadas en la primera parte de *Don Armando y Pepe*. Después indique con un círculo si las afirmaciones están de acuerdo con la escena que ha escuchado. Cada oración se leerá dos veces.

1. Sí   No
2. Sí   No
3. Sí   No
4. Sí   No

B. Segunda parte. Escuche las siguientes oraciones basadas en la segunda parte de *Don Armando y Pepe*. Después indique con un círculo si las afirmaciones están de acuerdo con la escena que ha escuchado. Cada oración se leerá dos veces.

1. Sí   No
2. Sí   No
3. Sí   No
4. Sí   No

C. ¿Qué piensa? Lea las siguientes preguntas basadas en *Don Armando y Pepe*. Después contéstelas en el espacio indicado.

1. ¿Piensa Ud. que la relación entre don Armando y su hijo Pepe es diferente de lo normal? ¿O es común? ¿Por qué?

   _____
   _____
   _____

2. ¿Tenía (o todavía tiene) Ud. una relación así con sus padres? Dé un ejemplo de cómo no lo/la entienden.

   _____
   _____
   _____

Lección 3 • 57

3. ¿Cómo piensa Ud que la relación entre este padre e hijo pueda mejorarse? ¿Es la misma solución para todos los padres e hijos, en general?

_____
_____
_____

II. PRONUNCIACIÓN

LAS CONSONANTES *H*, *B*, *V* Y *P*

La *h* no se pronuncia en español. Escuche y contraste:

inglés	**español**
*h*ole	hola
*h*ospital	hospital

Ahora, escuche y repita:

hermana	helado	hecho
hilo	alcohol	hotel
hierro	hacha	enhorabuena

* * *

La *b* y la *v* se pronuncian igual en español. Hay, sin embargo, dos variantes del sonido:

Primero, cuando está en posición inicial o cuando va precedida de *m* o *n*.
Por ejemplo: **bueno**, **votar**, **invitar**.
Segundo, en las otras posiciones. Por ejemplo: **árbol**, **llevar**.

Escuche y contraste:

inglés	**español**
*b*oy	voy
*v*an	van

Escuche la pronunciación de la *b* y repita las siguientes palabras. La *b* (*v*) en posición inicial o después de *m* o *n*:

bota	beso	ambulante
baña	buzo	cambiar
viña	vaso	invento

Escuche y repita la *b* (*v*) en otras posiciones:

servir	pobre	jabón
lobo	Eva	nivel
leve	deber	uva

Escuche y repita las variantes en la misma palabra:

beber	babas	vivir
bobo	bebe	bárbaro

* * *

58 • *Horizontes: Manual de laboratorio*

Nombre: _____ Fecha: _____

En español la **p** se pronuncia sin la gran explosión de aire característica de la pronunciación inglesa. Coloque un papel delante de los labios y practique las palabras que siguen. Al pronunciar la **p** española, el papel no debe moverse. Escuche y contraste:

inglés	**español**
pipe	pipa
papa	papá

Ahora, escuche y repita:

paso	poema
pena	puso
piña	pese
lápiz	papel
copa	apropiada
lupa	pupitre

* * *

Trabalenguas. Escuche el siguiente trabalenguas. Después, escúchelo de nuevo y repítalo, frase por frase. Finalmente, escúchelo una tercera vez y repítalo en su totalidad.

Paco Peco, chico rico, insultaba como un loco a su tío Federico, y éste dijo: Poco a poco, Paco Peco, poco pico.

III. PRÁCTICA ORAL

A. LOS VERBOS REFLEXIVOS

Ud. oirá una pregunta. Contéstela afirmativamente. Después, escuche y repita la respuesta correcta.

Ejemplo: Ud. oirá: ¿Dónde se sienta Ud.? ¿Frente a la pizarra?
Diga Ud.: *Sí,* **me siento** *frente a la pizarra.*

B. *SER* Y *ESTAR*

Con los elementos dados, forme una pregunta usando el verbo **ser** o **estar**. Después, escuche y repita la respuesta correcta.

Ejemplo: Ud. oirá: ¿De María? ¿Este libro?
Diga Ud.: **Es** *de María este libro.*

C. *ESTAR* + GERUNDIO

Conteste las preguntas, según las indicaciones, usando el presente de **estar** + *gerundio*. Después, escuche y repita la respuesta correcta.

Ejemplo: Ud. oirá: ¿Dices la verdad?
Diga Ud.: *Sí,* **estoy diciendo** *la verdad.*

D. *ESTAR* + PARTICIPIO PASADO

Ud. oirá una oración. Modifique la oración con el verbo **estar** y el participio pasado para expresar una acción terminada. Recuerde que el participio pasado funciona como adjetivo. Después, escuche y repita la respuesta correcta.

Ejemplo: Ud. oirá: Cierro la puerta.
Diga Ud.: *La puerta ya **está cerrada.***

E. *SER, ESTAR* Y *HABER (HAY)*

Con los elementos dados forme una oración usando el presente de **ser, estar** o **haber**. Después, escuche y repita la respuesta correcta.

Ejemplo: Ud. oirá: Sobre la mesa… un libro de francés.
Diga Ud.: *Sobre la mesa **hay** un libro de francés.*

IV. COMPRENSIÓN AUDITIVA

A. MILAGRO DE LA DIALÉCTICA

Ud. oirá algunas palabras que aparecen en el siguiente relato. Repita cada una de ellas y lea su traducción al inglés. Ud. las necesitará para la comprensión del relato.

el milagro   *miracle*
de vuelta a   *back in*
lucirse   *to show off*
los huevos   *eggs*
el plato   *plate*
esconder   *to hide*

❧ ❧ ❧

¿Entiende Ud. el relato? Si no, vuelva a escucharlo antes de hacer el ejercicio de comprensión que sigue.

B. EJERCICIO DE COMPRENSIÓN

Ud. oirá una pregunta sobre *Milagro de la dialéctica* y tres respuestas posibles. Indique con un círculo la respuesta más lógica. La pregunta y las tres respuestas se leerán dos veces.

1.   a   b   c
2.   a   b   c
3.   a   b   c
4.   a   b   c
5.   a   b   c

Nombre: _____ Fecha: _____

Lección 4   ¡Qué familias tan grandes!

Manual de ejercicios

A. VOCABULARIO

I. ¡El lugar de trabajo es el segundo hogar! El Licenciado Fernández siempre pasa sus crisis matrimoniales en la oficina. Cuando discute con su esposa, el Licenciado prácticamente vive en su oficina. Desayuna en la oficina, come en la oficina, pasa sus ratos libres en la oficina, duerme en la oficina, etcétera.

Observa el dibujo e identifica cosas en la oficina del Licenciado que pertenecen en realidad a su casa. Luego, descríbelas según el siguiente modelo.

Lección 4 • 61

Ejemplos: La almohada es del dormitorio de su casa.
El cepillo de dientes y la pasta de dientes son del baño de su casa.

1. _____
2. _____
3. _____
4. _____
5. _____
6. _____
7. _____
8. _____
9. _____
10. _____

II. Comprando cosas para la casa. En los almacenes hay de todo. Un cliente extranjero que aún no sabe los nombres en español de muchas cosas se dirige al vendedor tratando de explicarle lo que desea. El vendedor trata de adivinar lo que el cliente desea. Ayúdale al vendedor.

Ejemplo: —Por favor, necesito un aparato que se usa para hacer café.
—¿*Será una cafetera?*

1. —Necesito algo para barrer el piso.
_____

2. —Busco una máquina para lavar la ropa.
_____

3. —Me hace falta un aparato doméstico grande para guardar y conservar los alimentos frescos.
_____

4. —Quiero también una máquina para preparar jugos de fruta.
_____

5. —¿Podría decirme cómo se llama ese aparato para calentar el pan del desayuno?
_____

6. —Para mi cuarto necesito una manta para cubrir la cama.
_____

7. —Para preparar los huevos necesito algo para freírlos.
_____

8. —Finalmente, ¿podría darme ese aparato eléctrico que sirve para dejar las camisas y las blusas muy lisas y elegantes?
_____

Nombre: _____ Fecha: _____

B. EL PRETÉRITO DEL INDICATIVO

I. ¡Aquella noche Lucas le dio una serenata a July! Lucas se enamoró a primera vista de July una noche de verano. Dos días después, él decidió ir a dar una serenata frente a la casa de ella. Lucas pensó: "¡Oh! Es muy tarde. Ya son las doce de la noche. Es muy tarde para cantar y tocar la guitarra. Voy a despertar a todos los vecinos de July si le doy una serenata ahora. Pero no me importa. Quiero cantar una canción de amor para July. Si su vecino se enfada y me tira un cubo de agua, ¡no me importa! Lo importante para mí es conseguir el amor de July." Por tanto, Lucas le fue a dar la serenata a su amada.

Completa el siguiente párrafo con el pretérito del verbo entre paréntesis, para contar lo que realmente ocurrió cuando Lucas fue a cantar a la ventana de July.

Aquella noche lo que _____1_____ (ocurrir) fue lo siguiente: Lucas _____2_____ (llegar) al portal y _____3_____ (empezar) a cantar. Un vecino de July, víctima del insomnio _____4_____ (escuchar) la canción entera y le _____5_____ (gustar) mucho. Entonces, ese vecino le _____6_____ (tirar)

Lección 4 • 63

una flor a Lucas. Sin embargo, July sí _____ (enfadarse) con Lucas, porque la canción _____ (despertar) a la abuelita enferma de July. July _____ (tirar) un cubo de agua sobre la cabeza de Lucas y le _____ (decir): "Querido Pavarotti, vete a casa. Son las tres de la mañana y ¡mañana tengo que levantarme a las seis!"

Observa el dibujo y cuenta ahora la historia con tus propias palabras, utilizando verbos en el pretérito. Escribe en otra hoja de papel si es necesario.

_____
_____
_____
_____
_____
_____

Nombre: _____ Fecha: _____

II. Humor. Hace poco tiempo que Pablo regresó de su luna de miel y hoy acaba de encontrarse en la calle con su amigo Víctor que está muy bien vestido. Contesta las siguientes preguntas.

—Veo que desde que te casaste no te falta un botón en el traje.
—No te extrañe, lo primero que me enseñó mi mujer fue a coser botones.

1. ¿Por qué no le falta a Pablo un botón en el traje?
   _____
   _____

2. ¿Quién cosió los botones del traje? ¿Por qué?
   _____
   _____

3. ¿Cuándo fue la última vez que cosiste un botón en tu ropa?
   _____
   _____

C. EL IMPERFECTO DEL INDICATIVO

I. Visita a los parientes. Lee con cuidado el relato de los viajes que cada año hacían Patricia y Teresa a la casa de sus abuelos en La Paz. Complétalo usando el imperfecto.

1. Cuando mi hermana Teresa y yo _____ (ir) a La Paz, _____ (visitar) a nuestros parientes y _____ (visitar) nuestros lugares favoritos.

2. Con nuestros primos, _____ (jugar) en un parque cerca de la casa.

3. El abuelo nos _____ (llevar) de compras a los mercados en el centro de la capital.

4. La abuela _____ (preparar) nuestros platos favoritos.

Lección 4 • 65

5. Nosotras _____ (ayudar) con los quehaceres domésticos.

6. El tío Juan nos _____ (llevar) al lago Titicaca y nosotros _____ (explorar) las islas del Sol y de la Luna y las ruinas incas que se encuentran allí.

7. Todos _____ (ser) muy amables con nosotras.

II. La boda entre dos profesores de la Facultad de Informática de Salamanca: entre el señor Chip y la señora Ram. Observa atentamente el dibujo y contesta las siguientes preguntas.

1. ¿Cómo era el vestido de la novia?
   _____

2. ¿Estaba triste la mamá del novio? ¿O estaba contenta?
   _____

3. En vez de una iglesia y un cura, había una sala de computadoras y una computadora. ¿Cómo era la computadora? ¿Grande? ¿Tenía muchos botones? ¿Era romántica?
   _____

4. ¿Cómo era el traje del novio?
   _____

Ahora completa la siguiente descripción del escenario de la boda, utilizando el imperfecto de los verbos entre paréntesis.

_____ (Ser) el catorce de febrero del 2000. _____ (Ser)
    1   2
el Día de San Valentín: el Día de los Enamorados. _____ (Ser) las doce del
                                                                            3
mediodía y _____ (hacer) mucho calor. La iglesia _____
                4   5
(estar) llena de gente. En la iglesia _____ (haber) una computadora, que
                                                                6
_____ (presidir) la ceremonia. Y la computadora _____
        7   8
(tener) dos grandes pantallas: así toda la gente _____ (poder) leer fácilmente el
                                                                              9
sermón de la computadora. Todos los invitados _____ (mirar) a los novios, que,
                                                                                10
por cierto, _____ (estar) muy nerviosos. Aquel momento
                          11
_____ (ser) el momento más importante de su vida.
        12

La novia _____ (llevar) un vestido blanco, con una cola muy larga. El
                            13
novio _____ (llevar) un traje negro de pingüino.
              14

A las doce y trece minutos exactamente, la computadora le preguntó al novio: "Código 7Y4RS5L, ¿acepta usted como esposa a la Código 68ZT112?" Y el novio respondió: "Sí, la acepto". Entonces la mamá del novio empezó a llorar de la emoción, mientras el novio _____ (pulsar) la tecla del SÍ. Después, la computadora le hizo la misma pre-
        15
gunta a la novia. Y la novia contestó: "Sí, lo acepto". Y mientras ella _____
                                                                                                                    16
(pulsar) la tecla del SÍ, la madre del novio empezó a llorar otra vez.

Acto seguido, la computadora imprimió el informe del matrimonio. Y el Código 7Y4RS5L y la Código 68ZT112 se besaron en la mejilla, para terminar la ceremonia.

D. EL PRETÉRITO Y EL IMPERFECTO

I. ¡Tantos quehaceres domésticos! Completa los diálogos con el pretérito o el imperfecto de los verbos entre paréntesis y termina la oración.

1. —¿Por qué no _____ (colgar [tú]) la ropa esta mañana?
   —Porque _____ (querer [yo]) ir temprano a _____
   _____

2. —¿_____ (Pasar [tú]) la aspiradora?
   —No _____ (tener, [yo]) ganas de hacerlo, pero _____
   _____

3. —¿Por qué no _____ (venir [tú]) el otro día?
   —Porque _____ (quedarse [yo]) trabajando y _____
   _____

Lección 4 • 67

4. —¿Qué tal la fiesta?

   —Magnífica. Francisco _____ (estar) de buen humor y _____

   _____

5. —¿Los niños _____ (hacer) la cama antes de ir a la escuela?

   —¡Qué va! _____ (salir [ellos]) corriendo y _____

   _____

II. Un dúplex para nosotros. Completa los párrafos con el pretérito o el imperfecto de los verbos entre paréntesis.

Un mes antes de casarnos, Raúl me _____(1)_____ (llevar) al dúplex que había alquilado para nosotros. Mientras nosotros _____(2)_____ (subir) en el ascensor, yo _____(3)_____ (pensar) si verdaderamente me gustaría vivir allí. De pronto Raúl me _____(4)_____ (tomar) de la mano y me _____(5)_____ (decir) que muy pronto ése sería nuestro hogar.

El dúplex _____(6)_____ (tener) tres habitaciones: la sala, el comedor y la cocina _____(7)_____ (estar) en la parte baja. Unos seis escalones _____(8)_____ (separar) la parte baja de la superior donde _____(9)_____ (haber) un dormitorio grande y lleno de luz. De pronto Raúl me _____(10)_____ (abrazar) y _____(11)_____ (pronunciar) estas palabras: "Bienvenida a nuestro hogar, dulce hogar".

III. Recuerdos de mi infancia. Completa los párrafos con el pretérito o el imperfecto de los verbos entre paréntesis.

Cuando mi hermano y yo _____(1)_____ (ser/estar) pequeños, _____(2)_____ (ir) a la casa de nuestros abuelos con mucha frecuencia. Ellos _____(3)_____ (vivir) en una casa bonita en Potosí. Cuando nuestros padres nos _____(4)_____ (anunciar) que iríamos a pasar nuestras vacaciones allí, _____(5)_____ (ponerse) muy alegres.

La casa _____(6)_____ (ser/estar) pequeña y _____(7)_____ (ser/estar) en el centro de un jardín. El abuelo _____(8)_____ (cuidar) las plantas. Todas las mañanas él _____(9)_____ (levantarse) muy temprano y _____(10)_____ (cortar) flores para toda la casa.

Muy cerca de la casa _____(11)_____ (haber) un pequeño río. Recuerdo que una vez el abuelo nos _____(12)_____ (llevar) a pescar; y mientras mi hermano y yo _____(13)_____ (divertirse), él _____(14)_____ (sacar) un pez muy grande para la cena. Mamá _____(15)_____ (alegrarse) muchísimo y esa noche la cena _____(16)_____ (ser/estar) muy especial.

Nombre: _____ Fecha: _____

IV. La casa de mi infancia. ¡Ahora te toca a ti! Escribe un pequeño párrafo, explicando cómo era la casa en la que tú vivías cuando eras niño(a) y qué pasó en una ocasión especial.

_____
_____
_____
_____
_____
_____

V. Así se conocieron mis papás. Completa con el verbo apropiado la siguiente carta que Mónica le escribió un día a su amiga Inma.

Querida Amiga:

Hoy quiero contarte cómo se conocieron mis papás.

Hace veintiocho años, cuando mi mamá _____ (trabajó, trabajaba) en
                                                    1
Sucre, y mi papá _____ (estuvo, estaba) de vacaciones también en Sucre, una
                        2
noche _____ (hay, había, hubo) una gran tormenta. Mi mamá cuenta que aque-
            3
lla noche _____ (hacer, hizo, hacía) mucho frío; _____
                4   5
(llovió, llovía, lloverá) muchísimo y el coche de mi mamá _____ (descompo-
                                                                6
nerse, se descompuso, se descomponía) de repente. Mi mamá _____ (tuvo, debía,
                                                                    7

Lección 4 • 69

tenía, debió) que volver a casa pronto, porque ya _____8_____ (era, estaba) tarde. Y _____9_____ (hacía, hizo, tenía, tuvo) miedo porque la noche _____10_____ (era, estaba, fue, estuvo) muy oscura.

Ella _____11_____ (intentó, intentaba) tomar un taxi, pero todos los taxis _____12_____ (eran, estaban, fueron, estuvieron) ocupados. Ella no _____13_____ (tenía, tuvo) un paraguas y su pelo _____14_____ (era, estaba, fue, estuvo) completamente mojado.

Entonces, mi papá _____15_____ (pasaba, pasó) con su coche por enfrente de la parada del autobús. Y _____16_____ (veía, vio, verá) a una muchacha muy bonita pero muy mojada. Mi papá _____17_____ (enamorarse, se enamoró, se enamoraba) de ella instantáneamente y, por eso, la _____18_____ (invitó, invitaba) a subir al coche. Al principio, ella _____19_____ (desconfiaba, desconfió, desconfiar). Pero, pronto ella _____20_____ (darse cuenta, se dio cuenta, se daba cuenta) de que aquel chico guapo _____21_____ (pareció, parecía) una buena persona.

Mi mamá _____22_____ (se subió, se subía) en el coche de mi papá. Y mi papá _____23_____ (la llevó, la llevaba) a casa. Cuando _____24_____ (llegaron, llegaban) a la casa de mi mamá, ellos no _____25_____ (quisieron, querer, querían) despedirse. Los dos _____26_____ (tenían, tuvieron, debían, debieron) levantarse temprano al día siguiente, pero no _____27_____ (les importaba, les importó). Sólo _____28_____ (querían, quisieron) estar juntos y hablar y hablar.

Aquella noche, ellos _____29_____ (estaban, estuvieron, eran, fueron) en el coche hasta las tres de la mañana. Antes de marcharse, mi papá _____30_____ (le pidió, le pedía, le preguntó, le preguntaba) el número de teléfono a mi mamá. Y mi mamá se _____31_____ (lo dio, lo daba). Mi papá le _____32_____ (decía, dijo) que aquel momento era el más importante de su vida. Y le _____33_____ (decía, dijo) que _____34_____ (fue, iba) a llamarla por teléfono muy pronto.

Al principio, mi mamá _____35_____ (creía, creyó) que él _____36_____ (fue, era, estaba, estuvo) un bromista. Pero al día siguiente, mi papá la _____37_____ (llamó, llamaba) por teléfono.

Durante un año, ellos _____38_____ (salían, salieron) todos los fines de semana, se _____39_____ (llamaban, llamaron) por teléfono todos los días. Y cada día _____40_____ (estaban, estuvieron, eran, fueron) más enamorados. El 8 de febrero de 1978, mi papá y mi mamá se _____41_____ (casaron, casaban) y hoy todavía se aman.

Nombre: _____ Fecha: _____

VI. Vidas paralelas. Lee a continuación las breves biografías de Amaya y Rebeca. Analiza los pretéritos y los imperfectos usados. Escribe después unas oraciones explicativas comparando cada etapa de sus vidas paralelas. Usa el pretérito o el imperfecto.

Ejemplo: *Amaya tocaba el piano mientras (while) Rebeca miraba televisión.*

Breve biografía de Amaya

- Cuando Amaya tenía siete años, estudiaba piano por mandato de sus padres. Su profesora le enseñaba piezas de Beethoven. Pero a ella no le gustaban mucho.
- Cuando tenía trece años, Amaya iba a una Academia de Baile Clásico. Su profesora tenía muy mal genio y a ella no le gustaba mucho ir a clase.
- Cuando tenía dieciocho años, Amaya empezó a salir con sus amigas. Pero ella siempre tenía que estar en casa antes de las ocho de la noche. Su papá se enfurecía si ella llegaba tarde.
- Cuando tenía veintiún años, se casó con un banquero. Y, dos años más tarde, tuvieron un hijo.
- Su matrimonio fue muy tradicional. Como la mayoría de los hombres de la sociedad latina patriarcal, su marido siempre salía con sus amigos y ella se quedaba en casa.
- Amaya y su marido nunca se divorciaron.
- El día que ella cumplió cuarenta años, su marido se quedó en casa viendo un partido de fútbol. Ella fue a cenar sola al Café Paraíso de su barrio.

Breve biografía de Rebeca

- Cuando Rebeca tenía siete años, miraba la televisión todo el tiempo. Le gustaban las películas y los dibujos animados.
- Cuando tenía trece años, iba las tardes de los sábados a las discotecas infantiles y bailaba con sus amigos y amigas.
- Cuando tenía dieciocho años, Rebeca conoció a su primer amor. Los padres de Rebeca eran muy modernos. Por eso los dos enamorados pasaban mucho tiempo en casa.
- Cuando tenía veintiún años, se fue a vivir con un director de cine. Dos años más tarde, se separaron y Rebeca se fue a vivir con un escritor famoso. Tuvieron un hijo y lo educaron al estilo hippy.
- Rebeca se casó más tarde con un economista. Pronto se divorciaron y Rebeca se fue a vivir con un cantante de rock muy joven.
- El día que ella cumplió cuarenta años, su compañero tenía que tocar en un concierto de rock en la capital. Ella fue a cenar sola al Café Paraíso de su barrio.

VI.1. Imagina que eres Amaya. Inventa un suceso que te ocurrió un día cualquiera de tu vida. Utiliza el imperfecto y el pretérito.

Ejemplo: *Cuando cumplí veintisiete años, vivía con mi marido banquero. Ese día él llegó a casa y me dio una pulsera de diamantes como regalo de cumpleaños. Entonces yo...*

_____
_____
_____
_____

VI.2. Imagina ahora que eres Rebeca. Inventa un suceso que te ocurrió un día cualquiera de tu vida. Utiliza el imperfecto y el pretérito.

_____
_____
_____
_____
_____

E. VERBOS CON SIGNIFICADO DIFERENTE EN EL PRETÉRITO Y EN EL IMPERFECTO

I. Empareja las oraciones de la Columna A con las de la Columna B.

A

____ 1. Mi hermana no quiso acompañarme al cine.

____ 2. ¿Cuánto tiempo hace que conociste a tu esposo?

____ 3. ¿No pudiste cambiar la fecha de la reunión?

____ 4. Fernando nunca sabía la lección.

____ 5. En esos días ya conocía a Elena pero no me gustaba.

____ 6. No supe que mi hija había dado a luz hasta que me llamó mi yerno.

____ 7. Quiso ayudarme pero no pudo.

____ 8. Le dije que podía ir con él, pero que no quería hacerlo.

B

a. Nos conocimos en 1983 en la cafetería de la residencia estudiantil.

b. Lo siento pero fue imposible.

c. Entonces, ¿cómo se hicieron novios?

d. Sin su ayuda, ¿cómo lo terminaste al final?

e. ¿Por eso tuviste que ir sola?

f. No me sorprende. No le gustaba estudiar.

g. ¿Cómo te sentiste al oír la buena noticia?

h. ¿Insistió él o te dejó en paz?

II. El amor de un pintor. Maggie y Johny son bolivianos y se conocieron hace muchos años. En 1965 Johny trabajaba como pintor. Maggie sabía que Johny era un buen pintor pero no lo conocía personalmente. Un día se conocieron por casualidad y se enamoraron a primera vista. Johny no sabía si Maggie era soltera o no. El Día de los Enamorados supo que ella no estaba casada por un comentario espontáneo de ella. Entonces le pidió una cita. Johny era muy tímido. Por su timidez, cuando se despidieron, él sólo pudo decirle a Maggie: "Amo tus ojos Número de Catálogo 152—Verde Irlanda de la Línea Vinikrom".

Contesta las siguientes preguntas con respuestas largas y completas.

Ejemplo: ¿Cuándo se conocieron Maggie y Johny?
Maggie y Johny se conocieron en 1965.

1. ¿Qué sabía Maggie de Johny antes de conocerlo personalmente?

_____

2. Al principio, ¿sabía Johny que Maggie era soltera?

_____

Nombre: _____ Fecha: _____

3. ¿Cuándo supo que Maggie no estaba casada?
_____

4. ¿Acepto Maggie la cita? ¿Quiso Maggie salir a cenar con Johny una noche?
_____

5. ¿Qué no podía hacer Johny fácilmente por culpa de su timidez?
_____

6. ¿Qué palabras pudo Johny pronunciar cuando se despidieron después de la primera cita?
_____

F. EL VERBO *HACER* EN EXPRESIONES TEMPORALES

I. Las aventuras de Pepito. Lee con atención el siguiente relato y después contesta las preguntas.

Cuando Pepito era niño, hacía toda clase de travesuras.

1985 Pepito tenía tres años y empezó a ir al jardín de infantes. La maestra recuerda que ese año Pepito rompió varios juguetes pedagógicos que había en la escuela.

1988 Pepito tenía seis años y comenzó a asistir a la escuela primaria. En una ocasión, metió una rata en el escritorio de su compañera que era un año menor que él.

1989 Pepito llevó una serpiente a clase y todos sus compañeros salieron del aula corriendo mientras que él se divertía.

1991 Pepito había hecho tantas travesuras que fue suspendido de la escuela por tres meses.

1992 Pepito volvió a la escuela y desde entonces ha dejado de hacer travesuras.

1. ¿Cuánto tiempo hace que Pepito asiste a la escuela?
_____
_____

Lección 4 • 73

2. ¿Cuánto tiempo hace que Pepito metió una rata en el escritorio de su compañera?

3. ¿Qué edad tenía Pepito cuando llevó una serpiente a clase?

4. ¿Cuánto tiempo hacía que Pepito asistía a la escuela primaria cuando fue suspendido por tres meses?

5. ¿Hace cuánto tiempo que Pepito dejó de hacer travesuras?

6. ¿Cuántos años tiene Pepito ahora?

II. ¡Cómo pasa el tiempo!

1984 a 1988	Sara estuvo en La Paz estudiando para su doctorado.
1988 al presente	Sara es profesora de la Universidad de La Paz.

1. ¿Qué hizo Sara de 1984 a 1988?

2. ¿Cuánto tiempo hace que es profesora?

1986 a 1989	Federico estuvo en Sucre. Era agente de viajes.
1989	Federico se mudó a Potosí.
1991	Federico se casó con una muchacha madrileña.

3. ¿Hace cuánto tiempo que Federico salió de Sucre?

4. ¿Cuánto tiempo hace que vive en Potosí?

5. ¿Cuánto tiempo hacía que vivía en Potosí cuando Federico se casó?

Nombre: _____ Fecha: _____

G. *SABER* Y *CONOCER*

I. Recuerdos de Bolivia. Completa los espacios con el verbo apropiado. ¡Ten cuidado con los tiempos presente y pasado!

Hace tres meses fui al lago Titicaca y _____(1)_____ a Gabriela. Ella vive en un pueblo cerca del lago desde que era niña. Ella _____(2)_____ cómo entretener a los amigos porque _____(3)_____ a mucha gente interesante. ¡Cómo me divertí con su compañía!

Ayer recibí una carta en la que me decía que vendría a los Estados Unidos a seguir sus estudios. ¡Me puse muy contento cuando lo _____(4)_____!

II. El niño probeta.[1] Observa el siguiente dibujo. Después completa y contesta las oraciones usando la forma apropiada del verbo **saber** o **conocer**.

> Viejo, mejor le decimos ahora. Al final se va a dar cuenta que es de probeta.

1. Según el dibujo, ¿_____ el niño que es de probeta?
   _____

2. ¿Cómo _____ nosotros que el muchacho es diferente?
   _____

3. ¿_____ tú a algún niño de probeta?
   _____

4. ¿Piensas que el niño debe _____ algo sobre su origen? ¿Por qué?
   _____
   _____

---
1. Test tube baby

Lección 4 • 75

H. PERSPECTIVAS

I. Lee el artículo de la página siguiente con cuidado y atención.

II. Contesta las siguientes preguntas, utilizando la información del artículo "Mi papá me mima".

1. Las mamás han hecho todas las tareas y han cuidado a los niños desde que el mundo es mundo. ¿Qué tareas hacen ahora los "nuevos papás"?

2. En las generaciones anteriores, ¿cómo demostraba el papá su amor?

3. Según las estadísticas norteamericanas publicadas por el Instituto de la Familia y el Trabajo de Nueva York, ¿qué porcentaje de papás asiste al parto?

4. ¿Y qué porcentaje de papás rechazó alguna vez un empleo mejor para estar más tiempo con sus hijos?

5. Según el artículo, cuarenta y ocho horas después del parto, el papá, la mamá y el bebé están en casa. En ese momento, ¿qué epopeya (aventura) llega para el "nuevo papá"?

6. Si el bebé lloraba por la noche, ¿cómo arreglaban fácilmente esa situación los papás de antes?

EL PERIÓDICO UNIVERSITARIO DE HORIZONTES HISPÁNICOS

Mi papá me mima

Los "nuevos papás" asisten al parto de sus hijos, les dan la mamadera, llevan a los bebés al médico y les cambian los pañales. Los besan y acunan sin sentir vergüenza de hacerlo.

Algo está cambiando. Y se nota en las salas de parto y en las plazas, ámbitos que hasta hace no mucho estaban reservados exclusivamente para las mujeres. Ahora los hombres ejercen su papel de padres de manera diferente: cambian pañales, bañan a sus bebés, les dan la mamadera. Son los síntomas de este nuevo fenómeno social que se llama "los nuevos papás".

Lo que hacen los "nuevos papás"
Los "nuevos papás" se distinguen del resto porque hacen todo lo que las mamás hicieron desde que el mundo es mundo. Es decir, asisten al parto, les dan la mamadera, cambian los pañales, preparan la papilla, llevan al bebé al médico, van a las reuniones del Jardín, disponen de tiempo extra para sus hijos, los besan y acunan sin sentir vergüenza de hacerlo, lavan los platos cuando la mamá no puede, se aguantan las "cargadas" de los compañeros y hasta consultan a un experto en familia si se enfrentan a un problema que no pueden resolver.

Diferencia con los padres de otras generaciones
Lo que hacen los "nuevos papás" son cosas impensables para las generaciones anteriores, donde papá sólo demostraba su amor manteniendo económicamente a la familia, frunciendo el ceño y, marcando, claramente, los límites entre lo que se "podía" hacer y lo que no se "debía" hacer.

Según un estudio norteamericano el 80% de los papás asiste al parto
Todavía no hay estadísticas bolivianas sobre el tema. Pero como el fenómeno "nuevo papá" es universal, es probable que las estadísticas norteamericanas publicadas por el Instituto de la Familia y el Trabajo de Nueva York coincidan con las que alguna vez se realizarán en nuestro país. Según este estudio, publicado por Connie Marshal en su libro "La gestación del padre" (Editorial Sudamericana), el 80% de los papás asiste al parto; el 87% considera que el papel del padre en la crianza es tan importante como el de la madre; el 73% se toma tiempo especial para curar a sus hijos; el 30% rechazó un empleo mejor para estar más tiempo con ellos. Todos tienen ideas, temores y dificultades comunes. El tiempo dirá hasta qué punto sus hijos crecieron siendo más felices que ellos. Porque en última instancia, de eso se trata.

El parto sólo es el comienzo
La aventura del parto, con sus alegrías y pánicos es apenas el comienzo. Porque 48 horas después, si todo salió bien, papá, mamá y el bebé están en casa. Llegó, para el "nuevo papá", la epopeya de preparar las mamaderas, levantarse cada tres horas, ir a trabajar dormido, sentir que su mujer está con "otro" dentro de la misma casa y preguntarse desolado, frente al espejo que lo muestra hecho una ruina: "¿Qué habré hecho yo para merecer esto?". Situación que los papás de antes arreglaban fácil: daban por sentado que era un problema de la mujer, se hacían los dormidos o simplemente mascullaban: "¿No oís que el nene está llorando?". Soluciones tradicionales que los "nuevos papás" rechazan de plano. Para ellos, las batallas se libran con las mamás, espalda contra espalda.

III. Imagina que estás participando en un debate entre el grupo A y el grupo B.

- El grupo A opina que los "nuevos papás" son muy diferentes a los tradicionales. La mamá ya no es la única que cría a los hijos. El papel del papá es tan importante como el de la mamá.

- El grupo B opina que básicamente los "nuevos papás" son iguales a los papás tradicionales. Han cambiado pequeñas cosas. Pero las mamás son todavía las que cumplen el papel más importante en la crianza de los hijos.

Según tus ideas y opiniones, ¿con qué grupo te identificarías? Organiza tus ideas y presenta los aspectos para convencer al grupo contrario de tus razones.

___

I. ¡EXPRÉSATE POR ESCRITO!

1. ¿Cómo es tu familia? ¿Grande? ¿Pequeña? ¿Tienes hermanos y hermanas? ¿Cómo son?

2. ¿Hay una "oveja negra" en tu familia? ¿Quién es? ¿Por qué?

3. ¿Cuáles crees que son las responsabilidades del hombre y de la mujer en el matrimonio?

4. ¿Te llevas bien con tu familia? Describe brevemente tus relaciones con los miembros de tu familia.

5. ¿Cuáles son los quehaceres domésticos que menos te gustan?

Nombre: _____ Fecha: _____

6. ¿Crees que existe el amor a primera vista? ¿Por qué?
   _____
   _____
   _____

7. ¿Cuáles son algunas ventajas y desventajas de ser soltero(a)?
   _____
   _____
   _____

8. ¿Prefieres salir con una sola persona o con diferentes personas? ¿Por qué?
   _____
   _____
   _____

Manual de laboratorio

I. FRAGMENTO DE UNA OBRA DE TEATRO

Ud. va a escuchar un fragmento de una obra de teatro en que don Goyito, un campesino puertorriqueño recién llegado a la ciudad, se informa sobre las costumbres modernas de su nieta, Pat.

BIENVENIDO, DON GOYITO (I)
Manuel Méndez Ballester (*Puerto Rico*)

EJERCICIOS DE COMPRENSIÓN

A. Primera parte. Escuche las siguientes oraciones basadas en la primera parte de *Bienvenido, don Goyito (I)*. Después indique con un círculo si las afirmaciones están de acuerdo con la escena que ha escuchado. Cada oración se leerá dos veces.

1. Sí   No
2. Sí   No
3. Sí   No
4. Sí   No

B. Segunda parte. Escuche las siguientes oraciones basadas en la segunda parte de *Bienvenido, don Goyito (I)*. Después indique con un círculo si las afirmaciones están de acuerdo con la escena que ha escuchado. Cada oración se leerá dos veces.

1. Sí   No
2. Sí   No
3. Sí   No
4. Sí   No

C. ¿Qué piensa? Lea las siguientes preguntas basadas en *Bienvenido, don Goyito (I)*. Después contéstelas en el espacio indicado.

1. Escriba una lista de cuatro adjetivos que describan su impresión sobre don Goyito y cuatro más que describan su impresión sobre Pat.

Don Goyito	**Pat**
_____	_____
_____	_____
_____	_____
_____	_____

Nombre: _____ Fecha: _____

2. ¿Don Goyito y Pat estarían de acuerdo con sus opiniones? ¿Por qué sí? ¿Por qué no?
   _____
   _____
   _____

3. Según Pat, ¿cómo era la vida de la generación de su abuelo? ¿Está Ud. de acuerdo?
   _____
   _____
   _____

4. ¿Cómo era la vida de sus abuelos? ¿Qué diferencias existen entre su juventud y la de ellos?
   _____
   _____
   _____

II. PRONUNCIACIÓN

LAS CONSONANTES *K*, *T* Y *D*

El sonido de la **k** *(k, ca, co, cu, que* y *qui)* se pronuncia en español sin la explosión de aire característica de la **k** inglesa. Escuche y contraste:

inglés	español
car	carro
baker	vaca

Ahora, escuche y repita:

casa	como	quiso	coqueta
quema	kilo	que	química
aquí	cumbre	poco	raqueta

* * *

Para pronunciar la *t* española, se coloca la punta de la lengua contra los dientes superiores y se cierra el paso del aire. Es importante articular el sonido más adelante que la *t* inglesa y sin la explosión de aire. Escuche y contraste:

inglés	español
tea	ti
tort	torta

Ahora, escuche y repita:

tapa	tamaño	ata	total
tela	tisa	mente	tomate
tortilla	tumba	treinta	tinta

La **d** española, como la **t**, se articula apoyando la lengua contra los dientes superiores. Escuche y contraste:

inglés	español
*d*ay	**d**é
*d*ebt	**d**ebo
a*d*o	a**d**iós

La **d** tiene dos variantes:

1. En posición inicial o después de **n** o **l**, es un poco más suave que la **d** inglesa. Escuche y repita:

donde	dolor	falda
dama	durar	banda
diente	después	caldo

2. En otras posiciones, la pronunciación de la **d** es muy similar a la **th** en inglés y se da paso al aire. Escuche y repita:

mudo	líder	medir
pido	oda	modo
lado	modelo	salud

Ahora, practique las dos variantes en la misma palabra.

desde	dormido
dado	adónde
dedo	delgado

Ahora, practique el contraste entre el sonido **d** y el sonido **t**.

ti	di	tienda
te	de	diente
tía	día	todo
tedio		

* * *

Trabalenguas. Escuche el siguiente trabalenguas. Después, repítalo, frase por frase. Finalmente, escúchelo de nuevo y repítalo en su totalidad.

Tres tristes tigres tragan trigo en un trigal.

III. PRÁCTICA ORAL

A. EL PRETÉRITO

I. Ud. oirá una oración en el presente. Comience con la palabra **Ayer** y modifique la oración usando el pretérito. Después, escuche y repita la respuesta correcta.

Ejemplo: Ud. oirá: Trabajo por la mañana.
Diga Ud.: *Ayer **trabajé** por la mañana.*

Nombre: _____ Fecha: _____

II. Ud. oirá una pregunta. Contéstela empleando el pretérito según el ejemplo. Después, escuche y repita la respuesta correcta.

Ejemplo: Ud. oirá: ¿Vas a estudiar esta noche?
Conteste Ud.: *No, ya **estudié**.*

B. EL IMPERFECTO

Ud. oirá una oración. Luego, con las palabras que siguen, modifique la oración usando el imperfecto. Después, escuche y repita la respuesta correcta.

Ejemplo: Ud. oirá: Fuimos a la casa de mi tía. Siempre...
Diga Ud.: *Siempre **íbamos** a la casa de mi tía.*

C. EL PRETÉRITO Y EL IMPERFECTO DE *CONOCER*, *SABER*, *PODER* Y *QUERER*

Ud. oirá la primera parte de un diálogo. Después se leerán tres respuestas posibles. Indique con un círculo la respuesta más lógica. Las preguntas y las respuestas se leerán dos veces.

1. a b c   4. a b c
2. a b c   5. a b c
3. a b c

D. EL VERBO *HACER* EN EXPRESIONES TEMPORALES

Ud. oirá dos preguntas seguidas. Conteste con el verbo **hacer** en una expresión temporal. Después, escuche y repita la respuesta correcta.

Ejemplo: Ud. oirá ¿Cuánto tiempo hace que vives aquí? ¿Tres años?
Diga Ud.: ***Hace** tres años que vivo aquí.*

IV. COMPRENSIÓN AUDITIVA

A. UN ORIGINAL DÍA DE CAMPO

Ud. oirá algunas palabras y frases que aparecen en el siguiente relato. Repita cada una de ellas y lea su traducción al inglés. Ud. las necesitará para la comprensión de esta historia.

el día de campo *day of camping out*
sin previo aviso *without prior notice*
la falta de pago *lack of payment*
el equipo de campamento *camping equipment*
el bosque *woods*
los fiambres *cold cuts*
el fantasma *ghost*
las deudas *debts*

¿Entiende Ud. el relato? Si no, vuelva a escucharlo antes de hacer el ejercicio de comprensión que sigue.

B. EJERCICIO DE COMPRENSIÓN

Ud. oirá la primera parte de una oración sobre *Un original día de campo* y tres terminaciones posibles. Indique con un círculo la terminación más lógica. La oración y las terminaciones se leerán dos veces.

1. a b c
2. a b c
3. a b c

4. a b c
5. a b c
6. a b c

Nombre: _____ Fecha: _____

III. Empresas para todo. Mateo y Belén terminan sus estudios este año y están preparando su fiesta de graduación. Afortunadamente hay empresas que se hacen cargo de todo y solucionan muchos problemas. Lee con atención el siguiente anuncio. Después, completa el diálogo a continuación con los pronombres apropiados.

MATEO: ¿Dónde podemos alquilar sillas y mesas para la fiesta?

BELÉN: ____(1)____ podemos alquilar en una empresa de servicios al consumidor que se encarga de todo.

MATEO: Para la fiesta a mí también ____(2)____ gustaría tener una cámara de video para filmar a los invitados. ¿____(3)____ podrías alquilar en la misma empresa de servicios?

BELÉN: Seguro. Y también los equipos de música. ____(4)____ tienen desde 2.300 pesos. Sólo hay que solicitar ____(5)____ con dos días de antelación.

MATEO: ¿Y quién va a adornar el salón?

BELÉN: ____(6)____ ____(7)____ vamos a pedir a Raúl. A él ____(8)____ gusta hacer esas cosas.

MATEO: Menos mal que hay una empresa para todo y contamos con la ayuda de todos los amigos.

F. GUSTAR Y OTROS VERBOS SIMILARES

I. Los gustos. Después de estudiar los usos del verbo **gustar** y otros verbos similares en tu libro *Horizontes: Gramática y conversación*, sigue el ejemplo de abajo y, usando el verbo **gustar** y otros verbos semejantes, forma oraciones completas.

Ejemplo: niños / gustar(le) / correr / calles
A los niños les gusta correr en las calles.

1. ellos / interesar(le) / clientes ricos

2. los turistas / agradar(le) / pagar / en efectivo

3. a veces / estudiantes / faltar(le) / energía / estudiar

4. vosotras / gustar(le) / llevar / zapatos / nuevos

5. los jóvenes / molestar(le) / quedarse / casa

6. todos / clientes / gustar(le) / escuchar / música

7. profesora / encantar(le) / estudiantes / preparados

8. a mí / doler(le) / el estómago y la cabeza

Nombre: _____ Fecha: _____

II. Materialistas versus románticos. Lee con cuidado la lista de aspectos que diferencian a los materialistas y a los románticos.

> - A los materialistas les **GUSTA** el dinero. Les gustan las cosas materiales. Sin embargo, a los románticos les gusta el amor. Les gustan las flores y la poesía.
>
> - A los materialistas les **CONVIENE** pensar siempre en el dinero. Les conviene tener amigos prácticos y sensatos. A los románticos les convienen las personas dulces y sensibles.
>
> - A los materialistas les **DUELE** perder dinero. A los románticos les duele perder al amor de su vida.
>
> - A los materialistas les **ENCANTAN** los negocios, las acciones y las ganancias. Les encanta invertir, gastar, comprar mercancías, venderlas, hacer dinero. A los románticos les encantan las palabras hermosas, los besos y los abrazos. Les encanta pasear por la playa y recitar poemas de amor.
>
> - A los materialistas no les **IMPORTAN** los empleados como personas. A los románticos les importa eso. A los materialistas les importa perder mucho dinero. A los románticos no les importa tener pérdidas en su empresa, si sus empleados son felices.
>
> - A los materialistas les **INTERESA** el estado económico de la sociedad. Les interesan los periódicos de negocios. A los románticos les interesa el estado ético de la sociedad. Les interesan los pensamientos y sentimientos de las personas.
>
> - A los materialistas les **MOLESTAN** los creyentes en Lord Byron. Y a los románticos les molestan los creyentes en Ford.
>
> - A los materialistas, las teorías sobre el amor supremo les **PARECEN** ridículas. Y a los románticos, las teorías sobre la máxima productividad y el máximo rendimiento les parecen frías e inhumanas.
>
> - Sin embargo, a todos les **FALTA** algo. A los materialistas les falta el amor. Les faltan los sentimientos profundos. Pero a los románticos les falta el sentido práctico. Porque, ¡el hombre no se alimenta solamente de amor! Si a los materialistas les quitan el dinero, no les **QUEDA** nada. Y si a los románticos les quitan el amor, tampoco les queda nada.

Imagina que estás participando en un debate. ¿Con qué grupo te identificas? ¿Con los materialistas o con los románticos? Prepara los argumentos de ataque y contraataque para defender tu teoría y la de tus compañeros en el debate de materialistas contra románticos. Responde a las siguientes preguntas: "Si somos materialistas (o románticos)..."

1. ¿Qué nos gusta? ¿Por qué?

   _____
   _____

2. ¿Qué preferimos en la vida? ¿Por qué?

   _____
   _____

Lección 5

3. ¿Qué cosas nos interesan? ¿Qué cosas no nos interesan?
   _____
   _____

4. ¿Qué nos encanta hacer? ¿Qué no nos encanta?
   _____
   _____

5. ¿Qué nos molesta? ¿Por qué?
   _____
   _____

6. ¿Qué nos conviene en nuestra vida profesional? ¿Y en nuestra vida social?
   _____
   _____

7. ¿Qué nos falta para ser completamente felices?
   _____
   _____

G. LOS PRONOMBRES COMPLEMENTO DE PREPOSICIÓN

I. Completa con el pronombre correspondiente.

1. He encontrado trabajo en una gran **empresa comercial**. Trabajo para _____ desde el mes de enero.

2. Con el dinero que gane voy a pagar **mis deudas**. No quiero sufrir más por _____.

3. **María Elena** ha renunciado a su cargo. Según _____, el sueldo era muy bajo.

4. En la empresa se contrató a **un nuevo cajero**. Es un muchacho muy joven. El jefe confía en _____.

5. Antes de partir, **la gerenta** firmó un nuevo contrato y se lo llevó con _____.

6. Manuel **te** escribió la semana pasada. Me dijo que quería formar una sociedad con _____.

7. Raúl, nuestro compañero en la universidad, compró **una fábrica de zapatos**. No hace más que hablar de _____.

8. Los clientes pensaban que **los productos** eran muy caros. Se les ofreció un descuento especial por _____.

II. Discursos, discursos, discursos. El señor Zabaleta es un economista mundialmente conocido, en el mundo de los negocios. El trabajo del señor Zabaleta consiste en dar discursos. Él es una persona muy importante, es director de una empresa, y su empresa es la más famosa del país. Por eso, siempre da discursos de economía, discursos de inauguración, discursos de bienvenida o discursos de... Da todo tipo de discursos.

El año pasado el señor Zabaleta conoció a una bella mujer con la que se ha casado hace apenas una semana.

Por supuesto, después de pasar una semana juntos en Hawaii de luna de miel, el señor Zabaleta ha preparado un discurso para su esposa.

Completa el discurso con los pronombres correspondientes. Pueden ser pronombres complemento de preposición, pronombres de objeto directo o indirecto, pronombres personales, pronombres reflexivos o pronombres recíprocos.

Estimada Ana,

Desde hoy eres mi esposa. Y ___(1)___ tenemos que considerar esta unión como una sociedad, una empresa, en la que ___(2)___ inviertes y ___(3)___ invierto (dinero, sentimientos, confianza, etcétera). Para los dos, para ___(4)___, este matrimonio será un negocio en el que obtendremos ganancias (momentos felices) y pérdidas (discusiones, peleas...). Pero todo va a funcionar bien. Entre ___(5)___ y ___(6)___, es decir, entre nosotros, no habrá problemas. Porque para mí, tú no eres mi empleada. Para ti, yo no soy tu gerente. Para ___(7)___, tú no eres mi jefa. Para ___(8)___, yo no soy tu cliente. Simplemente somos socios.

Pensemos en esta semana que hemos pasado juntos. Yo he estado con ___(9)___ todo el tiempo. Tú has estado con ___(10)___ todo el tiempo y no nos hemos aburrido. Lo hemos pasado muy bien, ¿no crees? ___(11)___ hemos besado, ___(12)___ hemos abrazado, hemos hablado mucho. Ayer hablé con el dueño del hotel, y según ___(13)___, tú y yo somos la pareja perfecta. También hablé con nuestros amigos Arturo y Sara, y según ___(14)___, tú y yo ___(15)___ miramos todo el tiempo de una forma super especial. No podemos esconder que nosotros ___(16)___ amamos.

Esta mañana, yo _____17_____ he despertado muy feliz. _____18_____ he duchado, _____19_____ he afeitado y después he preparado el desayuno para _____20_____. _____21_____ he preparado muy feliz, mientras tú _____22_____ has duchado y _____23_____ has maquillado. Me ha gustado mucho desayunar contigo.

Ahora quiero decir _____24_____ una última cosa. Si soy egoísta y pienso en _____25_____ _____26_____, creo que jamás he sido tan feliz como ahora. ¿Y tú? Piensa en _____27_____ _____28_____ y no en los demás. ¿Te alegras de ser mi esposa? Por _____29_____, yo haría cualquier cosa. ¿Y tú? ¿Qué harías tú por _____30_____? Contesta_____31_____ mi pregunta. ¿Te alegras de ser mi esposa y mi socia? Yo me alegro mucho.

H. USOS DEL PRONOMBRE *SE*

I. Cómo se consigue un buen empleo. Escribe ocho oraciones impersonales con los elementos de A y B.

Ejemplo: A. 1. **Consultar** con
B. d. una compañía de empleos.
Se consulta con una compañía de empleos.

A	B
1. **Consultar** con	a. el encargado
2. **Preguntar** cuáles son	b. el contrato de trabajo
3. **Pedir** hablar con	c. el sueldo
4. **Preguntar** por	d. una compañía de empleos
5. **Averiguar** si el empleo	e. es de jornada completa o media jornada
6. **Hablar** sobre	f. las condiciones de trabajo
7. **Convenir**	g. el jefe de personal
8. **Firmar**	h. los puestos vacantes

1. _____
2. _____
3. _____
4. _____
5. _____
6. _____
7. _____
8. _____

EL PERIÓDICO UNIVERSITARIO DE HORIZONTES

Suramérica: la gran cola del cangrejo mundial

Suramérica es un nido de desigualdades que, más que geográficas o culturales, están ya basadas en los índices de desarrollo. En un extremo se encuentra Guatemala, donde existe una oligarquía sanguinaria que manipula a sus anchas el proceso democrático y la economía. En este país, el 70% de la población es indígena, y la mayoría vive por debajo del umbral de la pobreza. En la otra punta, geográfica y social, se encuentra Chile, un país con muy poca población nativa que se ha sobrepuesto con éxito a una dictadura paranoica. Cuba es un caso único: tiene una economía planificada y la peculiaridad de haber vivido una revolución que cambió sus estructuras. El hundimiento de la URSS la dejó en mantillas. Brasil es un mundo en sí; es el gran gigante del área, con una superficie que comprende más de la mitad del continente y 160 millones de habitantes. Como último ejemplo Colombia, que es un país mediano con una alta conflictividad, con el añadido del narcotráfico.

Dicen los nuevos estrategas norteamericanos que el mundo se parece ahora a un cangrejo en el que sus partes vitales, Estados Unidos y Canadá, están protegidas por un fuerte caparazón, y Suramérica, con su reserva económica, es su gran cola.

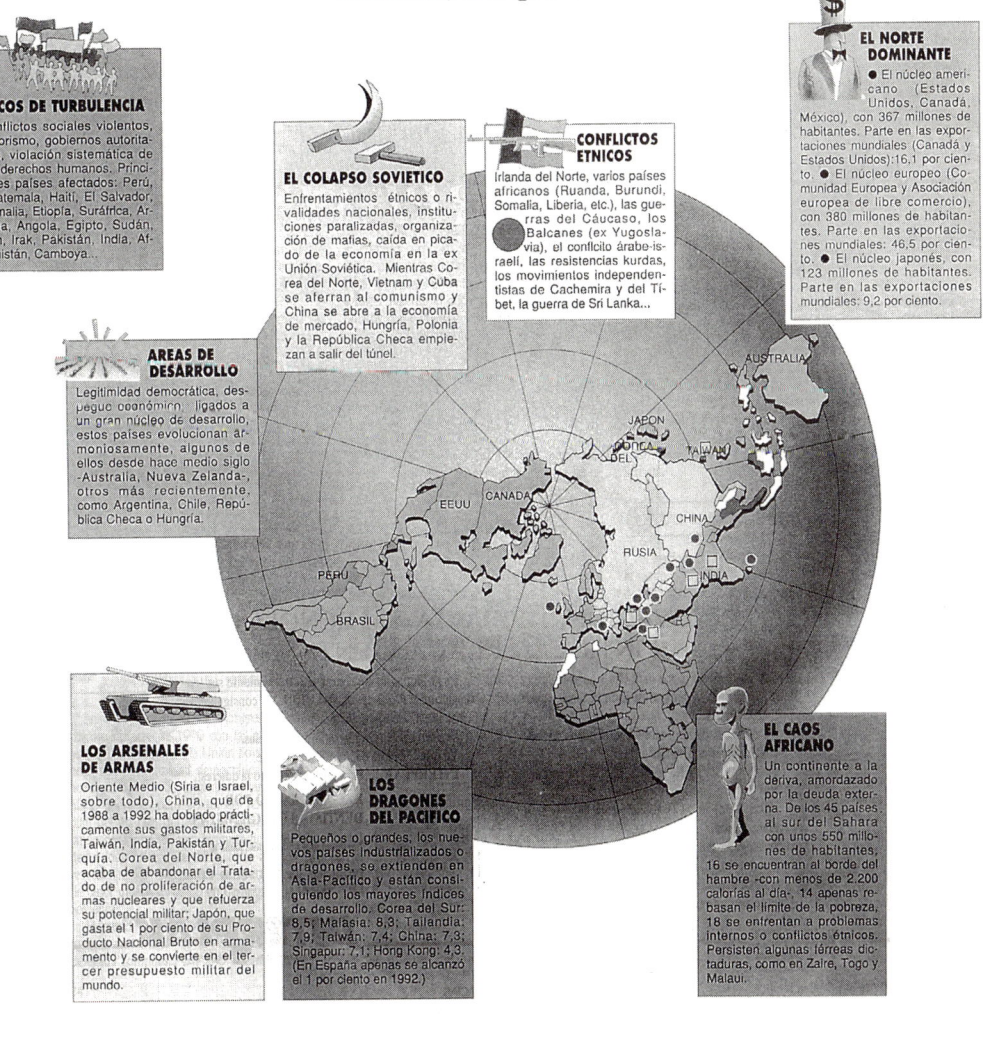

FOCOS DE TURBULENCIA
Conflictos sociales violentos, terrorismo, gobiernos autoritarios, violación sistemática de los derechos humanos. Principales países afectados: Perú, Guatemala, Haití, El Salvador, Somalia, Etiopía, Suráfrica, Argelia, Angola, Egipto, Sudán, Irán, Irak, Pakistán, India, Afganistán, Camboya...

EL COLAPSO SOVIETICO
Enfrentamientos étnicos o rivalidades nacionales, instituciones paralizadas, organización de mafias, caída en picado de la economía en la ex Unión Soviética. Mientras Corea del Norte, Vietnam y Cuba se aferran al comunismo y China se abre a la economía de mercado, Hungría, Polonia y la República Checa empiezan a salir del túnel.

CONFLICTOS ETNICOS
Irlanda del Norte, varios países africanos (Ruanda, Burundi, Somalia, Liberia, etc.), las guerras del Cáucaso, los Balcanes (ex Yugoslavia), el conflicto árabe-israelí, las resistencias kurdas, los movimientos independentistas de Cachemira y del Tíbet, la guerra de Sri Lanka...

EL NORTE DOMINANTE
● El núcleo americano (Estados Unidos, Canadá, México), con 367 millones de habitantes. Parte en las exportaciones mundiales (Canadá y Estados Unidos):16,1 por ciento.
● El núcleo europeo (Comunidad Europea y Asociación europea de libre comercio), con 380 millones de habitantes. Parte en las exportaciones mundiales: 46,5 por ciento.
● El núcleo japonés, con 123 millones de habitantes. Parte en las exportaciones mundiales: 9,2 por ciento.

AREAS DE DESARROLLO
Legitimidad democrática, despegue económico, ligados a un gran núcleo de desarrollo, estos países evolucionan armoniosamente, algunos de ellos desde hace medio siglo -Australia, Nueva Zelanda-, otros más recientemente, como Argentina, Chile, República Checa o Hungría.

LOS ARSENALES DE ARMAS
Oriente Medio (Siria e Israel, sobre todo), China, que de 1988 a 1992 ha doblado prácticamente sus gastos militares, Taiwán, India, Pakistán y Turquía. Corea del Norte, que acaba de abandonar el Tratado de no proliferación de armas nucleares y que refuerza su potencial militar; Japón, que gasta el 1 por ciento de su Producto Nacional Bruto en armamento y se convierte en el tercer presupuesto militar del mundo.

LOS DRAGONES DEL PACIFICO
Pequeños o grandes, los nuevos países industrializados o dragones, se extienden en Asia-Pacífico y están consiguiendo los mayores índices de desarrollo. Corea del Sur: 8,5; Malasia: 8,3; Tailandia: 7,9; Taiwán: 7,4; China: 7,3; Singapur: 7,1; Hong Kong: 4,3. (En España apenas se alcanzó el 1 por ciento en 1992.)

EL CAOS AFRICANO
Un continente a la deriva, amordazado por la deuda externa. De los 45 países al sur del Sahara con unos 550 millones de habitantes, 16 se encuentran al borde del hambre -con menos de 2.200 calorías al día-, 14 apenas rebasan el límite de la pobreza, 18 se enfrentan a problemas internos o conflictos étnicos. Persisten algunas férreas dictaduras, como en Zaire, Togo y Malaui.

Lección 5 • 105

II. Tú opinas.

1. ¿Por qué crees que se considera a Suramérica la gran cola del cangrejo mundial?

2. ¿Qué conflictos económicos y políticos conoces en Suramérica?

L. ¡EXPRÉSATE POR ESCRITO!

1. ¿Te interesa la economía? ¿Qué temas de la economía mundial te interesan?

2. ¿Qué temas de la economía local te interesan: la bolsa, los bancos, los intereses, los préstamos...?

3. En tu opinión, ¿es importante tener conocimientos en economía?

4. En tu caso, ¿ahorras mucho dinero al año? ¿En qué inviertes tus ahorros?

5. ¿Has solicitado alguna vez un crédito? ¿Para qué?

6. ¿Cuál crees que es la mejor forma de hacer dinero?

7. ¿Crees que el dinero es importante y necesario para ser feliz? ¿Por qué?

Nombre: _____   Fecha: _____

Manual de laboratorio

I. FRAGMENTO DE UNA OBRA DE TEATRO

Ud. va a escuchar otro fragmento de *Bienvenido, don Goyito* en que el millonario míster Harrison y su joven socio Carlos tratan de covencer a don Goyito para que venda un solar que tiene en el condado. Dicen que van a usarlo para construir un colegio religioso que será de gran provecho para la comunidad. Pat, que es novia de Carlos y nieta de don Goyito, desaprueba por completo esta transacción engañosa.

BIENVENIDO, DON GOYITO (II)
Manuel Méndez Ballester *(Puerto Rico)*

EJERCICIOS DE COMPRENSIÓN

A. Primera parte. Escuche las siguientes oraciones basadas en la primera parte de *Bienvenido, don Goyito (II)*. Después indique con un círculo si las afirmaciones están de acuerdo con la escena que ha escuchado. Cada oración se leerá dos veces.

1. Sí   No
2. Sí   No
3. Sí   No
4. Sí   No

B. Segunda parte. Escuche las siguientes oraciones basadas en la segunda parte de *Bienvenido, don Goyito (II)*. Después indique con un círculo si las afirmaciones están de acuerdo con la escena que ha escuchado. Cada oración se leerá dos veces.

1. Sí   No
2. Sí   No
3. Sí   No
4. Sí   No

C. ¿Qué piensa? Lea las siguientes preguntas basadas en *Bienvenido, don Goyito (II)*. Después contéstelas en el espacio indicado.

1. ¿Piensa Ud. que lo que hace míster Harrison es ético? ¿Por qué sí? ¿Por qué no?

_____   _____
_____   _____
_____   _____

2. ¿Ud. piensa que don Goyito le va a vender el terreno a míster Harrison? ¿Por qué sí? ¿Por qué no?

_____   _____
_____   _____
_____   _____

3. Escriba un mini-diálogo (de 5 a 7 líneas) que exprese lo que Ud. piensa que ocurrirá cuando don Goyito y míster Harrison se reúnan mañana.

_____
_____
_____
_____
_____
_____
_____
_____
_____

II. PRONUNCIACIÓN

LAS CONSONANTES *R* Y *RR*

La **r** y la **rr** tienen el mismo punto de articulación: se eleva la punta de la lengua hasta la parte anterior del paladar *(palate, roof of mouth)*. Para la **r**, hay una sola vibración, mientras que para la **rr** hay una vibración múltiple. El sonido **rr** no existe en inglés, pero una aproximación de la **r** existe en palabras como *city*, *daddy* y *ladder* cuando se les pronuncia rápido. Practique estas palabras inglesas para familiarizarse con el sonido **r**:

| *city* | *daddy* | *ladder* | *matter* |

Escuche y contraste:

inglés	**español**
oral	oral
pear	pera
mural	mural

Ahora, escuche y repita:

iris	oral	fiera	hablar
hora	sonoro	cura	mejor
para	escalera	lírico	comprender

* * *

La pronunciación de la **rr** y de la **r** en cuatro posiciones (al comienzo de la palabra y detrás de *l*, *n* y *s*) no viene de la garganta. Coloque Ud. la lengua contra los dientes superiores y practique la vibración múltiple. Escuche y contraste:

inglés	**español**
rose	rosa
rich	rico
rat	rata

108 • *Horizontes: Manual de laboratorio*

Nombre: _____   Fecha: _____

Ahora, escuche y repita:

ruso	roble	carro	barril	Enrique
raza	rima	perro	derrama	alrededor
rezo	ruta	guitarra	correo	Israel

* * *

Practique la *r* y la *rr*:

caro	carro
pero	perro
ahora	ahorra
ere	erre
coro	corro

* * *

Trabalenguas. Escuche el siguiente trabalenguas. Después, escúchelo de nuevo y repítalo, frase por frase. Finalmente, escúchelo una tercera vez y repítalo en su totalidad.

Erre con erre guitarra; erre con erre barril; rápido ruedan los carros del ferrocarril.

III. PRÁCTICA ORAL

A. EL PRESENTE PERFECTO

Ud. oirá una pregunta. Contéstela con el verbo en el presente perfecto, según el ejemplo. Después, escuche y repita la respuesta correcta.

Ejemplo: Ud. oirá: Susana habla con el vendedor. ¿Y Arturo?
Diga Ud.: *Arturo ya* **ha hablado** *con el vendedor.*

B. EL PLUSCUAMPERFECTO

Ud. oirá una pregunta. Comience con la cláusula *Me dijeron que...* y conteste la pregunta usando el pluscuamperfecto. Después, escuche y repita la respuesta correcta.

Ejemplo: Ud. oirá: ¿Fue Teresa de compras?
Conteste Ud.: *Me dijeron que Teresa* **había ido** *de compras.*

C. LOS PRONOMBRES DE COMPLEMENTO DIRECTO

Ud. oirá una oración. Reemplace el complemento directo por el pronombre apropiado. Después, escuche y repita la respuesta correcta.

Ejemplo: Ud. oirá: Pagamos las cuentas.
Diga Ud.: **Las** *pagamos.*

D. LOS PRONOMBRES DE COMPLEMENTO INDIRECTO

Ud. oirá una oración. Luego, con las palabras que siguen, modifique la oración usando el pronombre del complemento indirecto. Después, escuche y repita la respuesta correcta.

Ejemplo: Ud. oirá: Arreglaron bien el coche. Al cliente...
Diga Ud.: *Al cliente **le** arreglaron bien el coche.*

E. DOS PRONOMBRES DE COMPLEMENTO EN LA MISMA ORACIÓN

Ud. oirá una pregunta. Contéstela con la persona indicada usando los pronombres apropiados. Después, escuche y repita la respuesta correcta.

Ejemplo: Ud. oirá: ¿Quién le da el paquete? (Yo)
Conteste Ud.: ***Yo se lo** doy.*

F. *GUSTAR* Y OTROS VERBOS SIMILARES

Ud. oirá una pregunta. Luego, con las indicaciones que siguen, conteste la pregunta. Después, escuche y repita la respuesta correcta.

Ejemplo: Ud. oirá: ¿Qué le gusta comprar a Ud.? ¿Libros?
Conteste Ud.: ***Me gusta** comprar libros.*

G. LOS PRONOMBRES PREPOSICIONALES

Ud. oirá un comentario. Reaccione con una pregunta usando la preposición y el pronombre apropiado. Después, escuche y repita la pregunta correcta.

Ejemplos: Ud. oirá: Jaime preguntó por ti.
Pregunte Ud.: *¿**Por mí**?*
Ud. oirá: Plantaron un árbol delante de la casa.
Pregunte Ud.: *¿**Delante de ella**?*

H. LA A PERSONAL

Ud. oirá una oración. Modifíquela con los elementos dados. Después, escuche y repita la respuesta correcta.

Ejemplo: Ud. oirá: Vemos el almacén. (vendedora)
Diga Ud.: *Vemos **a** la vendedora.*

Nombre: _____ Fecha: _____

IV. COMPRENSIÓN AUDITIVA

A. LAS GAFAS

Ud. oirá algunas palabras que aparecen en el siguiente relato. Repita cada una de ellas y lea su traducción al inglés. Ud. las necesitará para la comprensión de la historia.

   el campesino *peasant*
   las gafas *eyeglasses*
   el óptico *optician*
   la docena *dozen*
   el mostrador *counter*

          🌺 🌺 🌺

¿Entiende Ud. el relato? Si no, vuelva a escucharlo antes de hacer el ejercicio de comprensión que sigue.

B. EJERCICIO DE COMPRENSIÓN

Ud. oirá la primera parte de una oración sobre el relato *Las gafas* y tres terminaciones posibles. Indique con un círculo la terminación más lógica. La oración y las terminaciones se leerán dos veces.

1. a b c   4. a b c
2. a b c   5. a b c
3. a b c   6. a b c

Nombre: _____ Fecha: _____

E. EL IMPERATIVO FAMILIAR

I. El lenguaje de las manos: Señas de identidad. La quiromancia es el arte de leer las manos. La tía de Mari Loli practica la quiromancia. Y Mari Loli quiere que su tía le lea las manos. Primero, la tía observa las manos de su sobrina, y después le da mandatos familiares para mejorar su personalidad. Lee el siguiente artículo y después completa los mandatos familiares.

Ejemplo: Mari Loli, tus manos son muy cortas. *¡Controla* (controlar) tus ataques de cólera y *mantén* (mantener) relaciones menos difíciles con los demás!

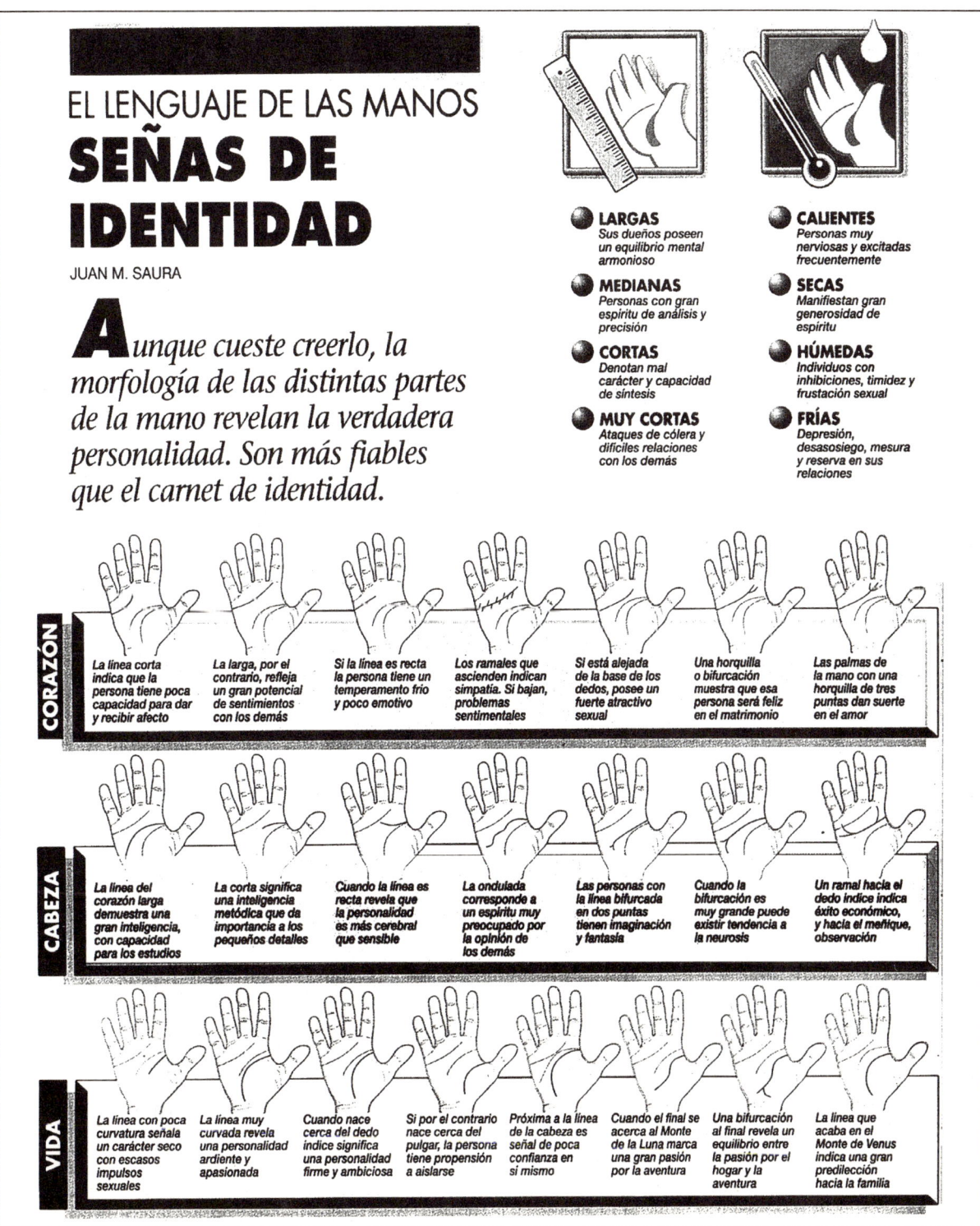

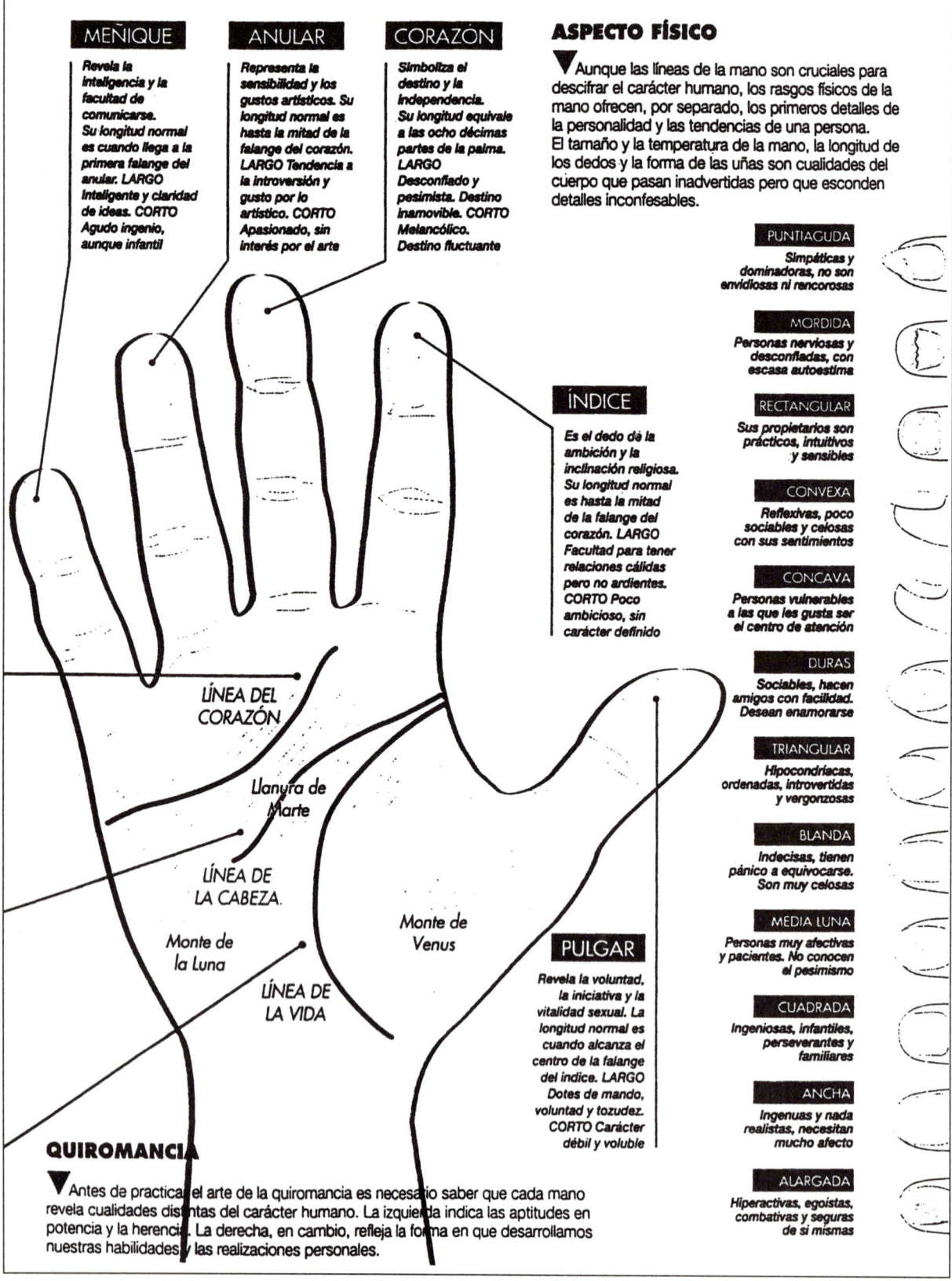

ASPECTO FÍSICO

▼ Aunque las líneas de la mano son cruciales para descifrar el carácter humano, los rasgos físicos de la mano ofrecen, por separado, los primeros detalles de la personalidad y las tendencias de una persona. El tamaño y la temperatura de la mano, la longitud de los dedos y la forma de las uñas son cualidades del cuerpo que pasan inadvertidas pero que esconden detalles inconfesables.

MEÑIQUE
Revela la inteligencia y la facultad de comunicarse. Su longitud normal es cuando llega a la primera falange del anular. LARGO Inteligente y claridad de ideas. CORTO Agudo ingenio, aunque infantil

ANULAR
Representa la sensibilidad y los gustos artísticos. Su longitud normal es hasta la mitad de la falange del corazón. LARGO Tendencia a la introversión y gusto por lo artístico. CORTO Apasionado, sin interés por el arte

CORAZÓN
Simboliza el destino y la independencia. Su longitud equivale a las ocho décimas partes de la palma. LARGO Desconfiado y pesimista. Destino inamovible. CORTO Melancólico. Destino fluctuante

ÍNDICE
Es el dedo de la ambición y la inclinación religiosa. Su longitud normal es hasta la mitad de la falange del corazón. LARGO Facultad para tener relaciones cálidas pero no ardientes. CORTO Poco ambicioso, sin carácter definido

PULGAR
Revela la voluntad, la iniciativa y la vitalidad sexual. La longitud normal es cuando alcanza el centro de la falange del índice. LARGO Dotes de mando, voluntad y tozudez. CORTO Carácter débil y voluble

PUNTIAGUDA
Simpáticas y dominadoras, no son envidiosas ni rencorosas

MORDIDA
Personas nerviosas y desconfiadas, con escasa autoestima

RECTANGULAR
Sus propietarios son prácticos, intuitivos y sensibles

CONVEXA
Reflexivas, poco sociables y celosas con sus sentimientos

CÓNCAVA
Personas vulnerables a las que les gusta ser el centro de atención

DURAS
Sociables, hacen amigos con facilidad. Desean enamorarse

TRIANGULAR
Hipocondríacas, ordenadas, introvertidas y vergonzosas

BLANDA
Indecisas, tienen pánico a equivocarse. Son muy celosas

MEDIA LUNA
Personas muy afectivas y pacientes. No conocen el pesimismo

CUADRADA
Ingeniosas, infantiles, perseverantes y familiares

ANCHA
Ingenuas y nada realistas, necesitan mucho afecto

ALARGADA
Hiperactivas, egoístas, combativas y seguras de sí mismas

QUIROMANCIA

▼ Antes de practicar el arte de la quiromancia es necesario saber que cada mano revela cualidades distintas del carácter humano. La izquierda indica las aptitudes en potencia y la herencia. La derecha, en cambio, refleja la forma en que desarrollamos nuestras habilidades y las realizaciones personales.

Horizontes: Manual de ejercicios

Nombre: _____ Fecha: _____

I.1. Completa los mandatos familiares que la tía da a Mari Loli.

- Mari Loli, siempre tienes las manos calientes. No _____ (excitarte) tan frecuentemente y _____ (tranquilizarte). No _____ (ser) una persona tan nerviosa.

1, 2, 3

- Tienes las manos húmedas. ¡_____ (Desinhibirte)!

4

- Tu línea del corazón tiene una horquilla o bifurcación. ¡_____ (Casarte) pronto, porque serás muy feliz en el matrimonio!

5

- Tienes la línea de la cabeza corta. ¡No _____ (dar) tanta importancia a los pequeños detalles!

6

- Tu línea de la vida está próxima a la línea de la cabeza. ¡_____ (Tener) más confianza en tí misma!

7

- Tienes el dedo meñique muy largo. ¡_____ (Aprovechar) tu inteligencia y claridad de ideas!

8

- Tienes el dedo anular también muy largo. ¡_____ (Cultivar) tu gusto por lo artístico y _____ (dedicarte) a la pintura o a la escultura.

9, 10

- Tienes el dedo del corazón corto. ¡No _____ (estar) tan melancólica!

11

- Tienes el dedo índice también corto. ¡_____ (Definir) más tu carácter!

12

- Tienes el dedo pulgar largo. ¡No _____ (mandar) tanto y no _____ (ser) tan tozuda!

13, 14

- Tienes las uñas puntiagudas. Eres simpática. No eres envidiosa ni rencorosa. Entonces, sobrina mía, ¡NO _____ (CAMBIAR) NUNCA!

15

I.2. Analiza las manos de tu compañero(a) de clase, de tu compañero(a) de cuarto o de otro amigo u otra amiga, y dales mandatos familiares para analizar y mejorar su personalidad.

_____
_____
_____
_____
_____
_____
_____
_____

Lección 6 • 121

II. **Enséñale a comer bien.** Ahora concéntrate en la salud de tus familiares. Lee con atención el siguiente aviso y prepara una dieta de cinco sugerencias para una persona muy querida.

Ejemplo: *Respeta todas las comidas y sigue un horario regular. No te saltes las comidas.*

ESTO TE AYUDA		ESTO NO
Respetar todas las comidas, y seguir un horario regular.	①	Saltarte las comidas (tendrás más hambre y acabarás comiendo más).
Beber agua.	②	El alcohol
Comer despacio y masticando bien.	③	La ansiedad
Respirar y relajarte antes de empezar a comer.	④	Los nervios, el estrés
El deporte. El ejercicio.	⑤	Las confortables sillas de oficina
La continuidad, los sistemas progresivos.	⑥	La impaciencia, los métodos drásticos
Controlar lo que comes en situaciones de compromiso (ya sabes: ni pan, ni fritos...)	⑦	Los menús hipercalóricos
Hacer vida normal.	⑧	Cambiar tu vida a causa de tu dieta

1. _____
2. _____
3. _____
4. _____
5. _____

F. EL IMPERATIVO DE NOSOTROS

"ERRARE HUMANUN EST". Hoy operan a Eduardo de la pierna, porque se la fracturó jugando al fútbol. Eduardo está muy nervioso. En el quirófano, sólo le han dado anestesia local. Y por eso escucha con mucha atención todas las preguntas que los enfermeros y enfermeras le hacen al médico. Escribe las respuestas del doctor a esas preguntas, usando el imperativo de nosotros y usando los pronombres apropiados.

Ejemplo: —¿Vamos a ponerle anestesia local a la pierna de Eduardo?
—*Sí, pongámosela sólo a la pierna.*

1. ¿Nos ponemos el uniforme verde de operar y los guantes esterilizados?
   _____

2. Doctor, ¿vamos a hacerle un análisis de sangre antes de abrirle la pierna?
   _____

3. ¿Vamos a utilizar el bisturí pequeño?
   _____

4. Doctor, ¿vamos a tomarle una radiografía al hueso de la pierna?
   _____

5. Doctor, el paciente está pidiendo que le enseñemos el trozo de hueso que le hemos sacado. ¿Se lo enseñamos?
   _____

Nombre: _____   _____ Fecha: _____

II. Contesta las siguientes preguntas, utilizando la información del artículo *"Dígale adiós a la panza"*.

1. ¿Qué fac_____

2. Si te duele el cuello mientras haces ejercicios para el abdomen, ¿qué es lo que estás haciendo mal?

3. ¿Qué recomienda la autora contra el aburrimiento?

4. ¿Por qué no es bueno usar fajas y bolsas de plástico para eliminar la panza?

III. Debate

1. Algunas personas dicen que el alcohol y el tabaco son también drogas, y algunas de ellas creen que deben hacerse ilegales, como las otras drogas. Otras personas los identifican como productos distintos. ¿Qué piensas tú? ¿Crees que el alcohol y el tabaco son drogas o no? Si lo son, ¿deberían hacerse ilegales? ¿Por qué?

2. En tu opinión, ¿podemos considerar el juego, las compras, el sexo y el trabajo como drogas? ¿Por qué?

Lección 6 • **127**

3. José Sánchez, un periodista, escribió que: "Las drogas son casi tan antiguas como la historia del hombre. En cambio su valorización positiva o negativa ha estado muy ligada a la moralidad de cada época. Que unas sustancias sean legales y otras no depende de la tradición cultural de cada sociedad. El debate es antiguo y eterno". ¿Estás de acuerdo con esta afirmación o no? Imagina que estás participando en un debate. Ordena tus ideas y organiza tus argumentos para defender tu opinión: "Esa afirmación es verdadera". "Esa afirmación es falsa".

Nombre: _____ Fecha: _____

Manual de laboratorio

I. FRAGMENTO DE UNA OBRA DE TEATRO

Ud. va a escuchar una escena en la que una enfermera conduce a una paciente a su cuarto. La mujer está sola en el cuarto, pero de pronto escucha silbar a alguien en el cuarto de al lado.

1 X 1 = 1, PERO 1 + 1 = 2
Lucía Quintero

EJERCICIOS DE COMPRENSIÓN

A. Primera parte. Escuche las siguientes oraciones basadas en *1 X 1 = 1, pero 1 + 1 = 2*. Después indique con un círculo si las afirmaciones están de acuerdo con la escena que ha escuchado. Cada oración se leerá dos veces.

1. Sí   No
2. Sí   No
3. Sí   No
4. Sí   No

B. Segunda parte. Escuche las siguientes oraciones basadas en *1 X 1 = 1, pero 1 + 1 = 2*. Después indique con un círculo si las afirmaciones están de acuerdo con la escena que ha escuchado. Cada oración se leerá dos veces.

1. Sí   No
2. Sí   No
3. Sí   No
4. Sí   No

C. ¿Qué piensa? Lea las siguientes preguntas basadas en *1 X 1 = 1, pero 1 + 1 = 2*. Después contéstelas en el espacio indicado.

1. ¿Reaccionó la mujer a su nueva situación como Ud. esperaría? ¿Por qué sí o por qué no?

_____
_____
_____

2. Si Ud. fuera la mujer, ¿tendría miedo del hombre? Explíquese.

_____
_____
_____

3. Lea las últimas líneas de lo que Ud. escuchó:

MUJER: Me ha convencido. La pared no es frágil. Pero nuestra separación sí lo es. Me va a fastidiar° usted con esta... intimidad.   *annoy, irritate*

HOMBRE: Una vez intenté derribar° la pared...   *to breakdown*

MUJER: ¿Con los puños? (*Asustada.*) ¿Le dan rabias a usted?

HOMBRE: Me dio esa vez por el tratamiento que suministraban° a su predecesora°... estaba enamorado de ella...   *administered predecesor*

Escriba 3 o 4 líneas más de diálogo, para expresar cómo piensa Ud. que termina la obra.

_____
_____
_____
_____
_____
_____
_____

II. PRONUNCIACIÓN

LAS CONSONANTES S Y L

La *s* en español es menos sibilante que la *s* inglesa. La *z* y la *c* (delante de *i* y *e*) en Hispanoamérica tienen la misma pronunciación que la *s*. Escuche y contraste:

inglés	**español**
soup	sopa
mass	masa

Ahora, escuche y contraste:

sano	suma	esto	zona
cena	solo	esperar	azafata
cita	asado	receta	zurdo

* * *

El punto de articulación de la *l* española es el mismo que en la *l* inglesa. La diferencia entre los sonidos es que en español no se eleva tanto la lengua al pronunciar la *l*. Escuche y contraste:

inglés	**español**
lorry	loro
hello	hola

Nombre: _____ Fecha: _____

Ahora, escuche y repita:

lobo	lupa	rebelde	mal
lana	leve	alba	clavel
Lima	alma	palillo	hotel

* * *

Trabalenguas. Escuche el siguiente trabalenguas. Después, escúchelo de nuevo y repítalo, frase por frase. Finalmente, escúchelo una tercera vez y repítalo en su totalidad.

Yo sólo sé una cosa, a saber, sólo sé que no sé y si sé que no sé, algo sé, porque sé una cosa: sé que no sé nada.

III. PRÁCTICA ORAL

A. EL PRESENTE DEL SUBJUNTIVO

Ud. escuchará una pregunta. Contéstela negativamente, cambiando el verbo de la cláusula dependiente al subjuntivo. Después, escuche y repita la respuesta correcta.

Ejemplo: Ud. oirá: ¿Él está seguro que vienen?
Conteste Ud.: *No, él no está seguro **que vengan**.*

B. EL PRESENTE DEL SUBJUNTIVO EN CLÁUSULAS NOMINALES

Ud. oirá dos oraciones simples. Combínelas para formar una compuesta. Después, escuche y repita la oración correcta.

Ejemplo: Ud. oirá: ¡Cómo lamento! Tienen hambre.
Diga Ud.: *¡Como lamento **que tengan** hambre!*

C. EL PRESENTE DEL SUBJUNTIVO CON EXPRESIONES IMPERSONALES

Ud. oirá dos oraciones cortas. Combínelas en una oración, usando el presente del indicativo o del subjuntivo. Después, escuche y repita la respuesta correcta.

Ejemplo: Ud. oirá: ¿Nos reunimos? Es importante.
Diga Ud.: *Es importante **que** nos **reunamos**.*

D. EL IMPERATIVO FORMAL AFIRMATIVO

Ud. oirá una oración. Modifíquela y exprese un mandato. Después, escuche y repita la respuesta correcta.

Ejemplo: Ud. oirá: Los estudiantes abren el libro.
Diga Ud.: *Estudiantes, ¡**abran** el libro!*

E. EL IMPERATIVO FORMAL NEGATIVO

Ud. oirá una oración. Reaccione expresando un mandato formal negativo con el pronombre del complemento directo. Después, escuche y repita la respuesta correcta.

Ejemplo: Ud. oirá: Voy a poner la mesa.
　　　　　　　Diga Ud.:   *¡No **la ponga**, por favor!*

F. EL IMPERATIVO DE *NOSOTROS*

Ud. escuchará una pregunta. Contéstela afirmativamente. Después, escuche y repita la respuesta correcta.

Ejemplo: Ud. oirá: ¿Vamos a enviárselo?
　　　　　　　Conteste Ud.: ***Enviémoselo***.

G. EL IMPERATIVO FAMILIAR

I. Ud. oirá una orden. Cúmplala inmediatamente usando el mandato familiar. Después, escuche y repita la respuesta correcta.

Ejemplo: Ud. oirá: Dígale a María que se siente.
　　　　　　　Diga Ud.:   *María, **¡siéntate!***

II. Ud. oirá una oración. Reaccione con un mandato familiar. Después, escuche y repita la respuesta correcta.

Ejemplo: Ud. oirá: Quiero comerme la torta.
　　　　　　　Diga Ud.:   *Pues, **¡cómetela!***

IV. COMPRENSIÓN AUDITIVA

A. EL TRISTE FUTURO DE JACINTA

Ud. oirá algunas palabras que aparecen en el siguiente relato. Repítalas y lea su traducción al inglés. Ud. las necesitará para la comprensión de la historia.

　　curarse   *to cure oneself*
　　cobrar   *to charge*
　　los gastos   *bills; debts*
　　hacerse viejo   *to become old*
　　fiel   *faithful*
　　recompensar   *to reimburse; to pay for services rendered*
　　el microbio   *virus, microbe*

❦ ❦ ❦

Nombre: _____ Fecha: _____

¿Entiende Ud. el relato? Si no, vuelva a escucharlo antes de hacer el ejercicio de comprensión que sigue.

B. EJERCICIO DE COMPRENSIÓN

Ud. oirá una pregunta sobre el relato *El triste futuro de Jacinta* y tres respuestas posibles. Indique con un círculo la respuesta más lógica. La pregunta y las respuestas se leerán dos veces.

1. a b c
2. a b c
3. a b c
4. a b c
5. a b c

Lección 6

Nombre: _____ Fecha: _____

Lección 7 *¿Conoces mi ciudad?*

Manual de ejercicios

A. VOCABULARIO

I.1. Estampa de una ciudad con tráfico. Observa el siguiente dibujo y, usando el vocabulario que ya conoces, identifica y señala cinco objetos propios de la ciudad.

Ejemplo: *edificio*

Lección 7 • 135

I.2. Ciertamente el tráfico siempre es un problema en la ciudad. En el dibujo de la página anterior podemos ver lo que ocurre con los semáforos de esta peculiar calle. ¿Crees que es una buena solución? Imagina que eres el alcalde de una ciudad. Usando el vocabulario de esta lección y otras palabras, escribe brevemente tu propia propuesta para solucionar los problemas del tráfico en tu ciudad. Escribe en otra hoja de papel si es necesario.

_____
_____
_____
_____
_____
_____

II. ¿Por dónde comenzamos?

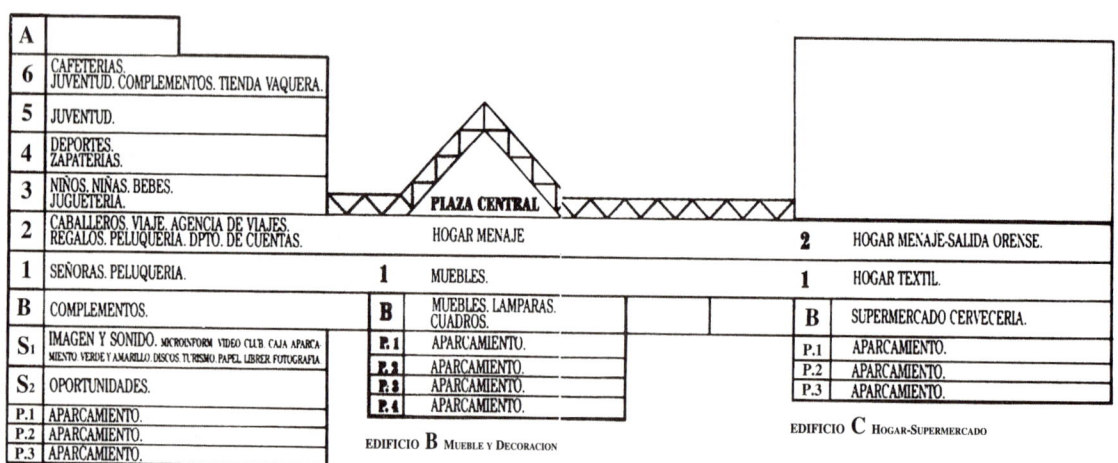

Tú y tu pareja están preparándose para vivir juntos y han decidido comprar todo lo necesario en un solo almacén. Uds. ya tienen la lista de compras y sólo hay que ordenarla para no estar recorriendo varias veces los diferentes departamentos. Ordenen su lista de compras de acuerdo con los departamentos.

Lista de compras	
una colcha	dos juegos de sábanas
dos almohadas	una blusa de manga corta
pañuelos de hombre	una docena de calcetines
sandalias	una americana
una falda lisa	un traje de hombre
zapatos de tacón	pantalones vaqueros
una cartera	un cinturón de cuero
una lámpara	una alfombra
un televisor	una raqueta de tenis
un reloj pequeño	una licuadora
una cafetera	una tostadora
tres ollas y un sartén	una escoba

Nombre: _____   Fecha: _____

1. *Planta baja.* Accesorios (complementos): _____*pañuelos de hombre*_____

2. *Primer piso.* Señoras (ropa de mujer): _____

3. *Segundo piso.* Caballeros (ropa de hombre): _____

4. *Tercer piso.* Ropa vaquera: _____

5. *Cuarto piso.* Deportes, zapatos: _____

6. *Quinto piso.* Imagen y sonido: _____

7. *Sexto piso.* Muebles, cuadros: _____

8. *Plaza Central.* Hogar, menaje de cocina: _____

B. LOS USOS DEL INDICATIVO Y DEL SUBJUNTIVO EN EL PRESENTE EN CLÁUSULAS NOMINALES

¡El teléfono! El teléfono está siempre presente en la vida de la ciudad: en el trabajo, en la vida social... Gustavo Luengo es un empresario argentino, y Jody trabaja para una Compañía de Servicio de Telefonía Móvil. Jody quiere que Gustavo compre un teléfono móvil y trata de convencerle.

Completa la siguiente conversación entre Jody y Gustavo, escribiendo en indicativo o en subjuntivo el verbo entre paréntesis.

JODY: Buenas tardes, señor Luengo. Quiero pedirle que _____1_____ (concederme [Ud.]) unos minutos. Me llamo Jody Bond y trabajo para una Compañía de Teléfonos Móviles.

GUSTAVO: En estos momentos, estoy bastante ocupado.

JODY: ¿Prefiere que _____2_____ (venir [yo]) a su oficina en otro momento?

GUSTAVO: No, está bien. Pero, insisto en que _____3_____ (ser [Ud.]) breve.

JODY: Muy bien. Quiero recomendarle que _____4_____ (comprar [Ud.]) un teléfono móvil. Sería muy útil para su trabajo y para su vida social. Con un teléfono móvil, creo que su vida _____5_____ (poder) ser más simple y más fácil.

GUSTAVO: ¿Un teléfono móvil?

JODY: Sí. Hoy en día es necesario tener un teléfono las veinticuatro horas del día. Para los negocios, es buena idea que los jefes _____6_____ (tener) un teléfono

Lección 7

incluso en su coche. Muchos hombres de negocios mandan que sus empleados _____ (llevar) también un teléfono a todas partes. Por ejemplo, creo que la "Compañía Number One" de Miami _____ (tener) más de 250 empleados, y todos ellos tienen un teléfono móvil.

GUSTAVO: En primer lugar, conozco a los jefes de esa "Compañía Number One" y yo dudo que esa información _____ (ser) cierta. En segundo lugar, cuando estoy en mi oficina, trabajo muy duro. Todos los días hablo con muchos clientes. No descanso. Sin embargo, prohíbo que los clientes _____ (llamarme) por teléfono a casa. Deseo tener mi vida privada y por eso, no creo que _____ (ser) necesario que _____ (adquirir [yo]) uno de esos teléfonos.

JODY: ¿Me permite que le _____ (contradecir [yo])?

GUSTAVO: Sí, ¡adelante! Me gusta que las personas _____ (ser) persistentes. Me molesta que los vendedores _____ (hablar) sin decir nada interesante.

JODY: Gracias. Yo creo que Ud. _____ (estar) equivocado. Tener un teléfono móvil no significa que los clientes vayan a llamarle a casa. No es cierto que las personas con teléfonos móviles _____ (usarlos) los domingos para trabajar.

GUSTAVO: Entonces, ¿para qué necesito tener un teléfono móvil?

JODY: Imagine que un lunes por la mañana su coche se estropea, en su camino al trabajo. En ese momento, para Ud. es urgente que sus clientes _____ (poder) comunicarse con Ud. Si un cliente le llama por teléfono un lunes urgentemente, y nadie responde al teléfono, el cliente buscará otra empresa. Es importante que, durante sus horas de trabajo (no en casa), sus clientes _____ (saber) dónde está Ud. en cada momento.

GUSTAVO: En ese sentido creo que Ud. _____ (tener) razón.

JODY: O imagine que su mejor cliente, en Japón, desea hablar con Ud. urgentemente. Le llama desde Tokio y, casualmente, Ud. está en otra oficina. Si Ud. no tiene un teléfono móvil, es posible que Ud. no _____ (oír) el teléfono. Su cliente se enfadará porque nadie contesta su llamada. Pero si Ud. tiene un teléfono móvil, Ud. podrá contestar todas sus llamadas.

GUSTAVO: Me sorprende que sus puntos de vista _____ (ser) tan interesantes. Generalmente desconfío de los vendedores. Y me molesta que ellos _____ (discutir) conmigo porque soy muy exigente. Pero me gusta Ud. Comprendo que es bueno que los clientes _____ (poder) hablar en cualquier momento.

Nombre: _____ Fecha: _____

JODY: Entonces, ¿es probable que Ud. _____(25)_____ (comprar) un teléfono móvil?

GUSTAVO: No dudo que Ud. _____(26)_____ (ser) una excelente vendedora. Y es cierto que esos teléfonos _____(27)_____ (ser) muy útiles. Sin embargo, necesito pensarlo. ¿Quiere que _____(28)_____ (llamarle [yo]) mañana con mi decisión?

JODY: Sí, por favor.

GUSTAVO: Entonces, hasta mañana.

C. LOS USOS DEL INDICATIVO Y DEL SUBJUNTIVO EN EL PRESENTE EN CLÁUSULAS ADJETIVALES

I. **¡El reloj!** Otro objeto muy usado en la vida urbana es el reloj. Las personas en la calle miran el reloj continuamente. Parece que todo el mundo tiene prisa. Observa la siguiente foto y lee atentamente los ejemplos. Después completa las siguientes oraciones relacionadas con esta actividad.

Ejemplos: Iván tiene un reloj **cronómetro automático.**
Iván tiene un reloj *que cronometra el tiempo automáticamente.*
Iván tiene un reloj **sumergible.**
Iván tiene un reloj *que no se estropea bajo el agua.*

Yo tengo un reloj **viejo.**
Yo tengo un reloj *que tiene trece años.*
Yo tengo un reloj **no sumergible.**
Yo tengo un reloj *que se estropea cuando se moja.*

Yo también deseo un reloj **metálico, sumergible, elegante,** pero **barato.**
Yo también deseo un reloj *que sea de acero, que no se estropee bajo el agua, que tenga mucho estilo y que no cueste mucho dinero.*

Lección 7 • 139

Ahora te toca a ti. Completa las siguientes oraciones. Primero elige el adjetivo más apropiado. Después sustituye el adjetivo por una cláusula adjetival, con el verbo en indicativo o subjuntivo.

1. Yo tengo un coche (o bicicleta) _____1_____ (¿viejo? ¿nuevo?)

    _____

2. Yo tengo un coche que _____2_____ (tener ... años)

    _____

3. Yo tengo un coche (o bicicleta) _____3_____ (¿lento? ¿rápido? ¿muy rápido?)

    _____

4. Yo tengo un coche que _____4_____ (correr a 120 millas por hora)

    _____

5. Sin embargo, si algún día soy famoso y millonario, yo voy a tener un coche _____5_____ (¿carísimo? ¿baratísimo?)

    _____

6. Yo voy a tener un coche que _____6_____ (costar ... miles de dólares)

    _____

7. Yo estudio español con un libro _____7_____ (¿interesante? ¿aburrido? ¿difícil?)

    _____

8. Yo estudio español con un libro que _____8_____.

    _____

9. Yo preferiría tener (I'd rather have) un libro _____9_____.

    _____

10. Yo preferiría tener un libro que _____10_____.

    _____

11. Pero no existen libros de español _____11_____.

    _____

12. No existen libros de español que _____12_____.

    _____

II. ¡El lugar ideal! Las ciudades están llenas de cafés donde los amigos se reúnen, charlan y lo pasan bien.

II.1. Describe tu lugar favorito en tu ciudad.

> **Ejemplos:** ¿Hay mucha gente? ¿Hay poca gente?
> *Mi lugar favorito es un café **donde** hay siempre mucha gente.*
> ¿Cierra temprano por la noche o no cierra hasta las dos de la mañana?
> *Mi lugar favorito es un café **que** no cierra hasta las dos de la mañana.*

Nombre: _____ Fecha: _____

1. ¿La música está siempre muy alta? ¿Está siempre muy baja?

2. ¿Ponen música jazz? ¿música rock? ¿música country?...

3. ¿Está de moda, o está siempre vacío porque no va nadie?

4. ¿Hay muchas parejas, o hay muchos grupos grandes de amigos?

5. ¿Los cafés son buenos, o no son tan buenos?

6. ¿Tienen suficientes mesas y sillas para sentarse, o nunca hay mesas libres?

7. ¿Está en el centro de la ciudad? ¿Está cerca de la universidad? ¿Dónde está?

8. ¿Los camareros son simpáticos, o no son simpáticos? ¿Cómo son?

II.2. Imagina que tú y tus amigos están planeando abrir un nuevo café en la ciudad. Utilizando las preguntas anteriores y otras preguntas, describe el café ideal que Uds. planean montar.

Ejemplo: *Queremos montar un café donde haya siempre mucha gente.*

III. El trabajo en la ciudad. Ofertas y demandas. Las páginas de los periódicos están siempre llenas de anuncios de trabajo. Repasa las columnas de Ofertas (12) y Demandas (13) en las que se busca y ofrece trabajo. De acuerdo con ellas, empareja A y B, completando B con la forma correcta del verbo entre paréntesis.

A

1. Se necesita una **persona**...
2. Hay un **chico** de diecisiete años...
3. Una **chica** responsable busca trabajo...
4. Se necesita una **mujer**...
5. En la columna de Ofertas, no hay nadie...
6. Los Clubes de Asturias buscan **señoritas**...
7. El Bar Sacha busca una **señora**...
8. Beatriz es una **chica** con mucha experiencia...
9. Hay una ocasión para un **transportista**...
10. Hay una **estilista** (de peinados) titulada en París...

B

____ a. que _____ (tener) experiencia de trabajo y ofrece nuevos modelos de peinados.

____ b. y _____ (poder) trabajar con ancianos y niños deficientes.

____ c. que _____ (ofrecer) sus servicios para cualquier trabajo.

____ d. que _____ (tener) buena presencia.

____ e. que _____ (ser) propietario de vehículo con licencia de transporte.

____ f. que _____ (cultivar) plantas.

____ g. que _____ (querer) trabajar en la cocina.

____ h. que _____ (ser) por las mañanas.

____ i. que _____ (ofrecer) sus servicios como vendedor.

____ j. que _____ (conocer) de mantenimiento de caballos.

Nombre: _____ Fecha: _____

IV. ¡Y ahora te toca hablar de tu trabajo! Completa las siguientes oraciones. (Si no trabajas por el momento, escribe sobre tus estudios y tus profesores.)

1. El trabajo que tengo ahora _____
   _____

2. Después de graduarme, buscaré un trabajo que _____
   _____

3. Soy una persona que _____
   _____

4. Mi jefe (profesor[a]) piensa que _____
   _____

5. No conozco a ningún jefe (profesor[a]) que _____
   _____

D. EL SUBJUNTIVO EN CLÁUSULAS ADVERBIALES

I. En las grandes ciudades. Observa la siguiente tira cómica. Después, completa las oraciones y marca si las afirmaciones son ciertas o falsas, según tu opinión.

EL PLANETA DE LOS NIMIOS   Pablo

CIERTO FALSO

_____ _____ 1. En las grandes ciudades un(a) ciudadano(a) no se preocupa por la violencia, a menos que él mismo o ella misma _____ (ser) la víctima.

_____ _____ 2. En una gran ciudad, cuando una persona _____ (gritar) ¡Socorrrooooooooo!, nadie _____ (ir) en su ayuda.

_____ _____ 3. Mientras que _____ (haber) pobreza en la sociedad, habrá crímenes.

_____ _____ 4. Siempre habrá delincuencia aunque _____ (existir) trabajo para todos.

Lección 7 • 143

CIERTO FALSO

____ ____   5. La policía _____ (circular) por las calles para que la gente _____ (poder) caminar tranquilamente por ellas.

____ ____   6. Una persona no va a sufrir un atraco a menos que _____ (llevar) mucho dinero en la bolsa.

____ ____   7. Siempre que las cárceles no _____ (ser) lo suficientemente grandes, se permitirá que los delincuentes _____ (caminar) por las calles.

____ ____   8. Una mujer es más vulnerable que un hombre, a no ser que ella _____ (practicar) karate.

____ ____   9. Un(a) ciudadano(a) puede ser víctima de la violencia aún cuando _____ (saber) defenderse.

____ ____ 10. Si la víctima no comunica el atraco tan pronto como _____ (ocurrir), puede desanimarse y no hacerlo después.

II. Abono de Transportes. Hacía mucho tiempo que viajabas en autobús y metro pero no sabías que se podía ahorrar dinero al comprar un Abono de Transportes, hasta que hablaste con tu amiga Elena María. Ella te explicó las ventajas y desventajas del Abono y la manera de obtener uno. Completa las oraciones con el verbo en el indicativo, el subjuntivo o el infinitivo.

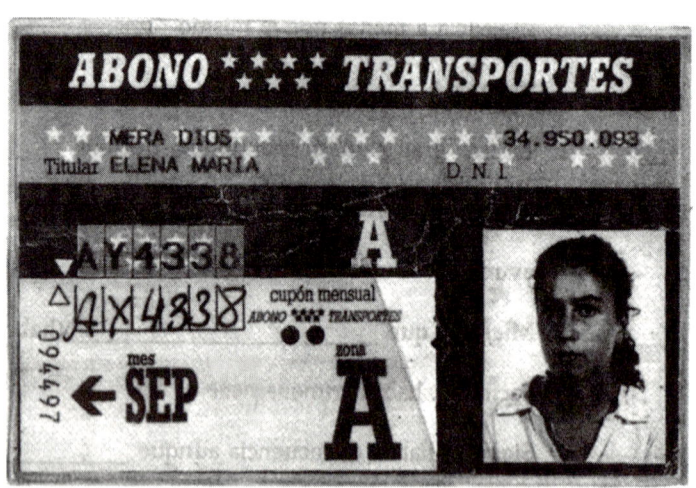

1. ¡Es ridículo que tú _____ (pagar) cada vez que subes a un autobús!

2. Debes comprarte un Abono de Transportes para no _____ (gastar) tanto dinero al mes. El ayuntamiento subvenciona esos Abonos para que los estudiantes no _____ (gastar) tanto dinero.

3. El año pasado yo no tenía Abono y gastaba mucho dinero. Para ir a la universidad todas las mañanas _____ (tomar) el autobús y pagaba dos pesos.

Nombre: _____ Fecha: _____

4. Ahora también utilizo el transporte público todos los días. Y cuando _____ (subirme) al autobús por la mañana, no pago con dinero, sino que utilizo el Abono.

5. Cuando _____ (empezar [tú]) tus clases en la Escuela de Arte, tendrás que tomar el autobús cuatro veces al día. Y cuando _____ (querer [tú]) salir los fines de semana por la noche, tendrás que tomarlo seis veces al día. ¡Es mucho dinero!

6. Te recomiendo que _____ (comprar) el Abono pronto para que _____ (poder) ahorrar dinero en el transporte diario.

7. ¿Qué es lo bueno del Abono? Sólo hay que pagar una vez al mes aunque tú _____ (hacer) varios viajes diarios.

8. ¿Qué es lo malo del Abono? Lo único malo es que no te devuelven el dinero en caso de que tú _____ (perder) el carné.

9. Entonces, es mejor que tú lo _____ (solicitar) ahora mismo y que lo _____ (guardar) muy bien. Tienes que guardarlo muy bien para _____ (no perder) el carné

10. Voy a explicarte lo que hay que hacer para que tú _____ (poder) solicitar tu Abono cuanto antes.

11. Primero, es necesario que tú _____ (pedir) una solicitud de Abono de Transportes en uno de los kioskos de la ciudad o por correo.

12. Cuando _____ (ir[tú]) a solicitar el Abono, es preciso que _____ (llevar) tu foto.

13. A no ser que _____ (tener[tú]) más de veintitrés años, te pueden dar el Abono para jóvenes, ya que es más barato. Yo compré mi Abono cuando _____ (cumplir[yo]) veintitrés años. Pero cuando _____ (cumplir[yo]) veinticuatro el mes que viene, tendré que cambiar mi carné.

14. No importa que _____ (ser[tú]) de otro país. Siempre que _____ (saber) el número de tu pasaporte, tienes derecho a solicitarlo. Cuando mi amiga Graziana _____ (venir) de Italia el mes pasado, solicitó el Abono y se lo concedieron sin problemas.

15. Tan pronto como _____ (recibir[tú]) el Abono, puedes viajar en autobús o en metro. Creo que _____ (ser) una forma muy buena de ahorrar dinero en el transporte.

III. ¡Qué horror! ¡Ese policía va a ponerme una multa! Manejar en las grandes ciudades es una locura, y todos los conductores reciben una multa (*a ticket*) tarde o temprano. Imagina que tú y tus amigos moteros acaban de cometer una infracción grave y están manejando en una calle de dirección contraria. Entonces se acerca un policía para ponerte, justo a ti, una multa. Trata de convencerle de que no te ponga esa multa. Completa el diálogo con la forma adecuada del verbo entre paréntesis.

POLICÍA: Buenos días. ¿Sabe Ud. que _____ (estar[Ud.]) en una calle en dirección contraria? Tengo que ponerle una multa.

TÚ: Lo siento mucho. Pero cuando _____ (ver[yo]) la señal de "Prohibido", ya era muy tarde. No tuve tiempo para cambiar de dirección. Le prometo que la próxima vez, cuando _____ (pasar[yo]) por esta calle otra vez, no volveré a cometer la misma infracción. Ahora sé que esta calle _____ (ser) de dirección contraria.

POLICÍA: Cuando Ud. _____ (pasar) por esta calle la próxima vez, se acordará de mí. A menos que _____ (darme) una buena excusa, le voy a poner una multa de 50 pesos.

TÚ: ¿Cincuenta pesos? ¡No puede ser! ¿Quiere una excusa? Muy bien. Cuando _____ (ir[yo]) a trabajar esta mañana, mi jefe estaba de muy mal genio. Por tanto, el día entero en la oficina ha sido terriblemente malo. Mi jefe no ha parado de gritar. Ahora son las seis de la tarde y me duele mucho la cabeza. Por eso, no he visto la señal de "Prohibido". Pero le prometo que la próxima vez, cuando mi jefe _____ (estar) de muy mal genio, y _____ (no parar de gritar) durante todo el día y entonces a mí _____ (dolerme) mucho la cabeza, yo tomaré el autobús. No manejaré mi moto.

POLICÍA: Está bien. Antes de que _____ (marcharse[Ud.]) a casa, quiero que _____ (contestarme) unas preguntas. Generalmente, ¿cuándo no maneja Ud.? Dígame tres situaciones.

TÚ: 1) No manejo cuando llueve mucho porque las ruedas de mi moto están muy desgastadas.

2) _____

3) _____

Nombre: _____ Fecha: _____

POLICÍA: Si un sábado por la noche Ud. se toma dos cervezas, Ud. no maneja a menos que...

TÚ: 1) No manejo a menos que tenga que llevar a alguien al hospital.

2) _____

3) _____

POLICÍA: A los dieciocho años, ¿cuándo manejaba Ud.?

TÚ: 1) Manejaba cuando mi padre me prestaba su coche.

2) _____

3) _____

POLICÍA: Y la última pregunta, ¿en qué situaciones futuras no manejará Ud.?

TÚ: 1) No manejaré cuando mi jefe esté de mal genio y yo tenga mucho dolor de cabeza.

2) _____

3) _____

POLICÍA: ¡Al menos, sus intenciones son buenas!

E. EL IMPERFECTO DEL SUBJUNTIVO

Noticias del periódico. Lee con atención los siguientes acontecimientos que fueron publicados en un periódico argentino. Después, completa las oraciones con el imperfecto del subjuntivo de los verbos entre paréntesis.

Accidente de moto

Una persona resultó herida en un accidente de moto que se registró ayer en Rosario. Fuentes de la DYA informaron que el suceso tuvo lugar a las tres menos diez de la tarde, en la parte trasera del frontón Galarreta, al colisionar un ciclomotor Vespino y el Talbot Solara SS-4397-O.

1. Una persona resultó herida en un accidente de moto. La familia del motociclista temía que él _____ (morir) pero parece que se ha salvado.

Detenidos en Buenos Aires presuntos traficantes

La Policía Municipal de Buenos Aires detuvo la pasada Nochevieja en la capital argentina a cuatro personas por presunto tráfico de droga y tenencia ilícita de armas de fuego, informaron ayer fuentes de este cuerpo.

Lección 7 • 147

2. La Policía Municipal de Buenos Aires informó al periódico de que habían detenido a cuatro traficantes de drogas. Nos sorprendió que los delincuentes, además de las drogas, _____ (llevar) armas de fuego.

> **Detenidos por el robo de medio millón en talones**
>
> Los oficiales de Mar del Plata han detenido a dos jóvenes acusados de sustraer medio millón de pesos, mediante la falsificación de varios talones que uno de ellos había robado previamente a un transportista con el que trabajaba, informaron fuentes de este cuerpo.

3. La Policía detuvo a dos jóvenes delincuentes antes de que ellos _____ (poder) gastar el medio millón de pesos que habían robado.

> **Tres jóvenes de la Cruz Roja heridos en accidente**
>
> Tres jóvenes que cumplen el servicio militar en el puesto de la Cruz Roja resultaron heridos en un accidente de circulación que se registró ayer en Zapala. El suceso tuvo lugar sobre las diez y media de la mañana, a la entrada de la citada localidad, cuando el vehículo Nissan Patrol en el que viajaban los jóvenes colisionó contra una farola.

4. Tres jóvenes de la Cruz Roja resultaron heridos cuando su coche colisionó contra una farola. Las personas que vieron el accidente pidieron que los jóvenes _____ (ser) detenidos. Los familiares pidieron que les _____ (dejar) verlos.

F. EL SUBJUNTIVO EN ORACIONES INDEPENDIENTES

El transporte urbano. A veces el viajar en transporte urbano es una experiencia realmente estresante, según con quien viajes. Tú vas a tomar el autobús con un(a) compañero(a) que es muy nervioso(a) y que siempre tiene un comentario para lo que dices. Completa las oraciones según el ejemplo.

Ejemplo: —Mmmm. El autobús no **viene**.
—¡Que **venga** de una vez el autobús!

1. —Me pregunto si **habrá** lugar para nosotros dos.
   —¡Ojalá _____ lugar para los dos!

2. —A esta hora, **subirá** mucha gente en el autobús.
   —¡Ojalá no _____ tanta gente!

3. —Las señoras que **tienen** más de cincuenta años pagan menos.
   —¡Quién _____ sesenta años para pagar menos!

4. —Creo que el conductor no va a **parar** en nuestra esquina.

   —¡Por Dios! ¡Que _____ en nuestra esquina!

5. —Los que **son** motociclistas llegarán primero.

   —¡Quién _____ motociclista para llegar primero!

6. —Se dice que **subirán** las tarifas del transporte el mes que viene.

   —¡Que no las _____!

7. —El conductor no **deja** subir a una madre con su hijo.

   —¡Que los _____ subir! Nosotros les cederemos el asiento.

8. —A lo mejor **hay** un embotellamiento de tráfico más adelante.

   —Es temprano. ¡Quizás no lo _____!

G. LOS ADVERBIOS

I. **La contaminación en la gran ciudad.** Rita es de Buenos Aires y este verano ha ido de vacaciones a un pueblecito argentino muy pequeño. En este pueblecito ha conocido a José Carlos, que nunca ha estado en una gran ciudad. José Carlos quiere saber cosas de la gran ciudad y le hace a Rita muchas preguntas. Responde según el ejemplo.

Ejemplo: —¿Cómo se portan las personas en los atascos de tráfico? (grosero, rudo)
—*Se portan grosera y rudamente.*

1. —Cuando están con sus vecinos o amigos, ¿cómo hablan las personas de la ciudad? (cuidadoso, lento)

2. —Cuando caminan de prisa por las calles, ¿parecen nerviosos? (bastante)

3. —En general, ¿discuten en público? (no / mucho)

4. —¿Afecta mucho la contaminación a la ciudad? (bastante)

5. —¿Cómo se visten las personas cuando van a trabajar a sus oficinas? (elegante)

6. —¿Son altos los edificios? (sí / muy)

7. —¿Cómo caminan los peatones los domingos? (despacio)

8. —¿Cómo critican los ecologistas la vida de la ciudad? (irónico / sarcástico)

Lección 7 • **149**

II. ¡No es posible! ¿Cómo dices? José Carlos no puede creer muchas de las cosas que Rita le cuenta. Para estar seguro de entender bien, le pide que repita todo. Al repetir, reemplaza el adverbio por **una preposición + sustantivo**.

Ejemplo: —**Generalmente** no se puede ver el sol debido a la contaminación.
—¿Cómo?
—*Dije que* **por lo general** *no se puede ver el sol debido a la contaminación.*

1. —**Indudablemente** el humo procede de las fábricas y los coches.
   —¿Cómo?
   — _____

2. —**Frecuentemente** no se puede respirar bien por el humo.
   —¿Cómo?
   — _____

3. —**Irónicamente** algunos dicen que la vida en la ciudad es una película en blanco y negro, mientras que la vida en el campo es en color.
   —¿Cómo?
   — _____

4. —**Finalmente** el gobierno ha aprobado una ley para prohibir que los coches expulsen demasiado humo por el tubo de escape.
   —¿Cómo?
   — _____

H. ¡OJO CON ESTAS PALABRAS!

Por fin compré mi Abono de Transportes para ir de un lugar a otro en la ciudad, pero precisamente hoy que ha llovido tanto no me sirvió para nada. Completa con el verbo apropiado.

¡Qué día! Hoy me levanté temprano porque sabía que tendría que _____ (salir de/dejar) casa a las ocho si quería llegar a la oficina a las nueve. Desde mi ventana vi que estaba lloviendo y decidí _____ (ponerme/poner) el impermeable para no mojarme. Cuando llegué a la parada de autobuses me di cuenta de que _____ (había metido/se me había quedado) en casa el Abono de Transportes que acababa de comprar. ¡Qué tonta! Yo creí que lo _____ (había metido/había colocado) en mi bolsillo antes de marcharme pero no fue así.

Nombre: _____ Fecha: _____

Mientras lo buscaba desesperadamente, el autobús vino... ¡y _____ (salió/se fue) sin mí! ¿Te lo puedes imaginar? Me _____ (dejó/salió) allí plantada en plena lluvia.

Cuando por fin llegué a la oficina ya era tarde y estaba completamente mojada. Lo peor es que mi jefe _____ (había colocado/había metido) un mensaje encima de mi escritorio que decía: "En el futuro, hágame el favor de _____ (ponerse/poner) el despertador para poder llegar a tiempo a la oficina".

I. ¡EXPRÉSATE POR ESCRITO!

1. ¿Cómo es la comunidad en la que vives?

2. ¿Cuáles son los problemas más importantes de la ciudad en la que vives?

3. ¿Contribuyes al mantenimiento del medio ambiente? ¿Cómo?

4. ¿Qué cambios se tendrían que hacer para mejorar la ciudad o el pueblo en que vives ahora?

5. ¿Has oído o leído sobre algún caso de brutalidad por parte de la policía? ¿Cuándo? ¿Cómo? ¿Dónde?

6. ¿Piensas que es una buena idea que los ciudadanos lleven algún tipo de arma en el maletín (*briefcase*) para defenderse en caso de un atraco? ¿Por qué?

7. ¿Cuáles son algunos de los problemas de vivienda en el lugar donde vives?

8. ¿Dónde te gustaría vivir cuando termines tus estudios? ¿Por qué?

J. PERSPECTIVAS: LECTURA, COMPRENSIÓN Y DISCUSIÓN

I. Lee el siguiente artículo con cuidado y atención.

El colegio que volvió a enseñar urbanidad

Alumnos del Río de la Plata adoptaron el buen trato en el aula.

Algo no habitual y esperanzador ocurre desde hace dos semanas en el Colegio Río de la Plata, un establecimiento educativo privado de la ciudad: los chicos de quinto, sexto y séptimo grados ya no corren por los pasillos, no gritan en la clase, hacen fila, piden las cosas diciendo: "por favor" y dan las gracias.

Como por arte de magia, la amabilidad, la corrección y la cortesía son moneda corriente y se critica la desconsideración hacia los demás como si fuera un pecado mortal.

¿Cuál fue la fórmula del cambio?

Una serie de artículos publicados entre el 23 y el 30 de abril por *La Nación* sobre urbanidad, un ejercicio de reflexión y el entusiasmo de los propios alumnos, como consecuencia de los trabajos que realizaron con sus maestros a partir de las ideas suscitadas por esas ocho notas.

"El colegio hace hincapié en el tema de los valores —explica la psicóloga Patricia Gurmindo, miembro del gabinete psicopedagógico del Río de la Plata—; un medio masivo que legitima los contenidos que se buscan socializar. Si (los alumnos) lo ven en el diario, es parte de la realidad".

Graciela Ceriani Cernadas —vicedirectora del nivel primario en castellano del colegio, situado en Laprida 1659— tuvo la idea de lo que podía hacerse al leer *La Nación* y puso manos a la obra con los maestros de quinto, sexto y séptimo grados.

"Nuestra tarea consistió en organizar el material y bajar los contenidos de los artículos a la cotidianeidad del colegio", relata Ceriani Cernadas.

"Los comentamos en clase, y los chicos hicieron durante una semana un registro de situaciones en las que las faltas a la urbanidad saltaban a la vista —prosigue—. Luego se dividió a los alumnos de los tres grados en equipos. Extrajeron de las notas las ideas principales y elaboraron propuestas para realizar en el colegio".

Los chicos, hasta entonces, actuaban como muchos otros chicos del mundo. Juan, por ejemplo, con sólo once años, era un maestro de la viveza criolla: "Si no hago los deberes les digo a las maestras que se me olvidó la carpeta en casa o que se me la comió el perro". Y hasta tenía una filosofía: "Yo sé que hay que intentar ser honesto, pero en este país es poca la gente que lo logra".

Y, de repente, el cambio: "Cuando entendieron la propuesta —se asombra todavía la vicedirectora— empezaron a participar más que en las clases normales y se atropellaban para contar los malos ejemplos que reconocían".

Para sorpresa de sus maestros, los estudiantes elaboraron un largo *mea culpa* de sus actitudes incorrectas.

En lo más alto del ranking de lo impropio figuraban:

los empujones y las coladas en la fila del quiosco;

atropellarse para salir al recreo y en los pasillos;

no respetar a los más chicos cuando se retiran de la escuela;

no responder al timbre de entrada y de salida de clase;

no usar el "por favor" ni el "gracias" cuando se comunican con sus compañeros y maestros.

Los chicos no ignoraban qué estaba bien ni qué estaba mal, solamente no lo practicaban. Los artículos de *La Nación*, más la reflexión colectiva les alertaron la memoria.

Así lo relató Agustina, de séptimo grado: "Son cosas obvias, pero el leerlas me las hizo recordar. Me doy cuenta de que yo también actúo así. Las notas hablan de mí, pude ver mis fallas y modificar mis hábitos".

Los artículos la llevaron a revisar su vida previa. "Cuando fuimos a ver la obra de teatro "Alma de Saxofón", algunos chicos a los que no les gustaba la obra jugaban al teléfono descompuesto —se confiesa—. Después de leer los artículos nos dimos cuenta de que había sido una falta de respeto".

CUANDO LLEGA EL CAMBIO

Saldadas las cuentas con el pasado, los chicos empezaron a cambiar. "Ahora no corremos por los pasillos o por las escaleras —asegura Juan— ni gritamos si hay gente en clase".

Josefina, de séptimo grado, se descubrió agradeciéndole a la gente del comedor cuando le servían y retiraban la comida, y esperando pacientemente su turno en el quiosco. "Antes le gritaba a Gladys, la vendedora, lo que quería —recuerda con una sonrisa—. Ahora hago la fila y listo".

María Marta Chieffo, maestra de quinto grado, explica que los objetivos del ejercicio no se acaban allí. "Queremos que logren reflexionar sobre ellos mismos y que asuman un compromiso con la sociedad —dice—. En el futuro van a ser los encargados de transmitir a los grados inferiores las pautas de convivencia que incorporaron a partir de estas actividades".

Nombre: _____ Fecha: _____

II. Contesta las siguientes preguntas, utilizando la información del artículo "El colegio que volvió a enseñar urbanidad".

1. ¿De cuáles grados son los estudiantes que participan en este nuevo programa?
   _____
   _____

2. ¿Qué es lo que impulsó a los maestros a enseñar la urbanidad?
   _____
   _____
   _____

3. ¿Cuáles eran tres de las actitudes/actividades incorrectas más populares de los estudiantes antes de participar en el programa?
   _____
   _____
   _____
   _____

4. ¿Cómo se comportan los estudiantes ahora?
   _____
   _____

5. ¿Hay programas similares en las escuelas de los Estados Unidos? ¿Piensas que funcionan? ¿Por qué?
   _____
   _____
   _____
   _____
   _____

III. Tú opinas.

¿Crees que se debe enseñar el comportamiento en la escuela primaria, en casa, o en los dos lugares? ¿Por qué?

_____
_____
_____
_____
_____
_____
_____
_____
_____
_____
_____
_____
_____
_____

Nombre: _____ Fecha: _____

Manual de laboratorio

I. OBRA DE TEATRO EN UN ACTO

Ud. va a escuchar una escena de una interpretación moderna de la historia bíblica de Adán y Eva en el Paraíso.

LA MANZANA PROHIBIDA
Álvaro de Laiglesia *(España)*

EJERCICIOS DE COMPRENSIÓN

A. Primera parte. Escuche las siguientes oraciones basadas en *La manzana prohibida*. Después indique con un círculo si las afirmaciones están de acuerdo con la escena que ha escuchado. Cada oración se leerá dos veces.

1. Sí   No
2. Sí   No
3. Sí   No
4. Sí   No

B. Segunda parte. Escuche las siguientes oraciones basadas en *La manzana prohibida*. Después indique con un círculo si las afirmaciones están de acuerdo con la escena que ha escuchado. Cada oración se leerá dos veces.

1. Sí   No
2. Sí   No
3. Sí   No
4. Sí   No

C. ¿Qué piensa? Lea las siguientes preguntas basadas en *La manzana prohibida*. Después contéstelas en el espacio indicado.

1. ¿A cuáles arquetipos representan los siguientes personajes/cosas/conceptos?

   a. Miss Evans _____

   b. Mr. Evans _____

   c. Guarda _____

   d. la manzana _____

   e. la ley _____

Lección 7 • 155

2. ¿Son Miss Evans y Mr. Adams del campo o de la ciudad? ¿Cómo sabe Ud.?
   _____
   _____

3. Escriba una lista de cuatro ejemplos de cómo este drama ha modernizado la historia bíblica de Adán y Eva. ¿Piensa Ud. que es una buena representación de la historia original? ¿Por qué?
   _____
   _____
   _____
   _____
   _____
   _____
   _____

II. PRONUNCIACIÓN

LAS CONSONANTES G, J, X, LL, Y

La **g** española delante de **a, o** y **u** tiene dos pronunciaciones. Al comienzo de la palabra y después de la letra **n** se pronuncia como la **g** en la palabra inglesa *go*. En todas las otras posiciones la **g** es más suave y se pronuncia como en la palabra *sugar*. Escuche y contraste:

inglés	**español**
*g*oal	gol
be*gg*ar	bigote

Ahora, escuche y repita:

gala	gula	tengo	pague	Hugo
guiso	guerra	lengua	llegue	agosto
goma	mango	langosta	pegar	hagamos

* * *

El sonido de la **j** española y la **g** delante de la **e** y de la **i** no tiene equivalente en inglés. Se aproxima a la **h** aspirada en palabras como *how*. Escuche y contraste:

inglés	**español**
*j*ot	jota
*g*esture	gesto

Ahora, escuche y contraste:

jota	junco	ágil	quejarse
jaca	congelar	coger	pasaje
jícara	surgir	coja	reloj

* * *

Nombre: _____ Fecha: _____

La **x** delante de consonante se pronuncia como la **s** inglesa. La **x** entre vocales tiene el sonido **ks**:

/s/	extender	excusa	/ks/	existir
	expansión	externo		éxito
	excavar	texto		examen

* * *

En varias partes de España y en casi toda Hispanoamérica existe el **yeísmo**; es decir, la **ll** y la **y** se pronuncian igual. Entre vocales la **y** se pronuncia como en la palabra inglesa *you*. En otras posiciones la pronunciación es muy parecida a la **y** en la palabra *yet* en inglés. Escuche y contraste:

inglés   **español**
yes   yeso
belle   bella

Ahora, escuche y repita:

yo	creyeron	milla	allí
llamo	yegua	payaso	desarrollo
lleno	yoga	leyó	millones

* * *

Trabalenguas. Escuche el siguiente trabalenguas. Después, escúchelo de nuevo y repítalo, frase por frase. Finalmente, escúchelo una tercera vez y repítalo en su totalidad.

Quéjase Jacobo con Joaquín Ginés, el cajero, de que le aqueja jaqueca que a Julián no deja jamás.

III. PRÁCTICA ORAL

A. EL PRESENTE DEL SUBJUNTIVO EN CLÁUSULAS ADJETIVALES

Ud. oirá una oración. Luego con el verbo y la expresión que oirá a continuación, modifique la oración. Después, escuche y repita la respuesta correcta.

Ejemplo: Ud. oirá: Tengo una bicicleta que está como nueva. Quiero...
              Diga Ud.: *Quiero una bicicleta que **esté** como nueva.*

B. EL PRESENTE DEL SUBJUNTIVO EN CLÁUSULAS ADVERBIALES

Ud. oirá una oración en el tiempo pasado. Dígala en el futuro. Después, escuche y repita la oración correcta.

Ejemplo: Ud. oirá: Me mandó una tarjeta cuando se fue.
              Diga Ud.: *Me **mandará** una tarjeta cuando se vaya.*

C. EL IMPERFECTO DEL SUBJUNTIVO

Ud. oirá una pregunta y el principio de la respuesta. Complete la respuesta, usando el imperfecto del subjuntivo. Después, escuche y repita la respuesta correcta.

Ejemplo: Ud. oirá: ¿Hablaste con el alcalde? Sí, era necesario…
Conteste Ud.: *Sí, era necesario que* **hablara** *con el alcalde.*

D. EL SUBJUNTIVO CON *OJALÁ*

Ud. oirá una pregunta. Contéstela con **ojalá**. Después, escuche y repita la respuesta correcta.

Ejemplo: Ud. oirá: ¿Juan vendrá hoy?
Conteste Ud.: ***Ojalá*** *que Juan venga hoy.*

E. EL SUBJUNTIVO CON *QUIZÁS*

Ud. oirá una oración. Modifíquela con la palabra **quizás**. Después, escuche y repita la respuesta correcta.

Ejemplo: Ud. oirá: Tú vienes a buena hora.
Diga Ud.: ***Quizás*** *vengas a buena hora.*

F. EL SUBJUNTIVO COMO FORMA DE CORTESÍA

Ud. oirá una oración. Modifíquela con el imperfecto del subjuntivo para expresar cortesía. Después, escuche y repita la respuesta correcta.

Ejemplo: Ud. oirá: Ud. debe prestar atención.
Diga Ud.: *Ud.* ***debiera*** *prestar atención.*

IV. COMPRENSIÓN AUDITIVA

A. LA MANO

Ud. oirá algunas palabras que aparecen en el siguiente relato. Repita cada una de ellas y lea su traducción al inglés. Ud. las necesitará para la comprensión de la historia.

estrangulado   *strangled*
el piso   *apartment*
la araña   *spider*
el armario   *closet*
encerrada con llave   *locked*
cazar   *to hunt down*
agarrar   *to grab hold of*

Nombre: _____ Fecha: _____

¿Entiende Ud. el relato? Si no, vuelva a escucharlo antes de hacer el ejercicio de comprensión que sigue.

B. EJERCICIO DE COMPRENSIÓN

Ud. oirá la primera parte de una oración sobre *La mano* y tres terminaciones posibles. Indique con un círculo la terminación más lógica. La oración y las terminaciones se leerán dos veces.

1. a b c   4. a b c
2. a b c   5. a b c
3. a b c

Lección 7 • **159**

Ejercicios complementarios sobre las formas y los usos del subjuntivo

SUMARIO DE TODOS LOS USOS DEL SUBJUNTIVO EN TODOS LOS TIEMPOS

I. Sección de "Anuncios clasificados" en el periódico: Una forma de buscar novio o novia en la ciudad. En las grandes ciudades, a menudo es difícil hacer nuevos amigos o amigas, conocer a nuevas personas o incluso encontrar al novio o novia que se busca. Algunas veces, las personas deciden acudir a una agencia matrimonial para que les ayuden a encontrar a la persona apropiada. Otras veces, simplemente ponen un anuncio en el periódico, en la sección de "Anuncios clasificados".

Escribe tu propio anuncio con los datos de tu hombre o mujer ideal.

_____
_____
_____
_____
_____
_____
_____
_____
_____
_____
_____
_____
_____
_____

Entrevista a tu compañero(a) de clase o a otro amigo o amiga. Pregúntale cómo es su hombre o mujer ideal. Después escribe su anuncio clasificado, según los datos de la entrevista.

_____
_____
_____
_____
_____
_____
_____
_____
_____
_____
_____

Nombre: _____ Fecha: _____

Siguiendo los modelos a continuación, vuelve a escribir tu propio anuncio. Después, vuelve a escribir el de tu amigo o amiga.

1. Soy _____
   _____
   _____.

   Busco una persona que _____
   _____
   _____.

   Deseo que esa persona _____
   _____
   _____.

   Es imprescindible que _____
   _____
   _____.

   En caso de que estés interesado(a), _____
   _____
   _____.

2. Soy _____
   _____.

   Busco una persona que _____
   _____.

   Deseo que esa persona _____
   _____.

   Es imprescindible que _____
   _____.

   En caso de que estés interesado(a), _____
   _____.

CARTA DE UNA LECTORA

La semana pasada yo escribí un anuncio en este periódico. Yo buscaba un hombre **que** FUERA simpático, inteligente y amoroso. Yo quería **que** él me ESCRIBIERA o me LLAMARA por teléfono, **en caso de que** él ESTUVIERA interesado en mí. Yo buscaba un hombre que DESEARA casarse conmigo y formar una familia.

Ayer recibí una carta de un hombre muy interesante. En esa carta, él me cuenta muchas cosas. Me dice que él también vive solo. Y que también él buscaba una mujer **que** FUERA inteligente, soltera y cariñosa. Hoy tenemos una cita y vamos a conocernos.

Me alegro mucho de **que** él LEYERA mi anuncio en el periódico la semana pasada. Me alegro de **que** él DECIDIERA escribirme. Y me alegro de **que** hoy VAYAMOS A CONOCERNOS.

Estoy escribiendo esta carta, porque quiero **que** los lectores SEPAN algo: "Los anuncios clasificados son útiles **para que** las personas SE CONOZCAN. Yo escribí mi anuncio **para que** un hombre me ESCRIBIERA,... ¡Y funcionó!

II. En la agencia matrimonial. Pascual es nuevo en la ciudad y ha decidido ir a una agencia matrimonial. Un asesor de la agencia le ha pedido que hable de sí mismo, para poder buscarle la mujer adecuada. Completa la autobiografía sentimental de Pascual, con la forma adecuada del verbo (infinitivo, subjuntivo o indicativo).

Me llamo Pascual y soy nuevo en la ciudad. Hoy he venido a esta agencia matrimonial porque estoy buscando amigos. También deseo _____ (encontrar)¹ una novia, si es posible.

Hace diez años, en 1987, yo tenía una novia que _____ (llamarse)² Mónica, que _____ (ser)³ muy guapa y simpática y que _____ (estudiar)⁴ a todas horas. Por eso, nunca salíamos juntos, a menos que _____ (haber)⁵ una fiesta en nuestro barrio, o a menos que nuestros amigos _____ (invitarnos)⁶ a cenar a su casa. Yo estaba harto. Un día, cuando yo _____ (llevarla)⁷ a casa, hablé con ella. Le hablé de mis sentimientos y mis preocupaciones. Yo creía que nosotros _____ (no vernos)⁸ lo suficiente. Todos nuestros amigos salían juntos a cenar cada fin de semana. Pero nosotros no. Yo pensaba que nosotros _____ (no salir)⁹ mucho por la noche. No dudaba que ella _____ (amarme)¹⁰. Pero yo quería _____ (pasar)¹¹ más tiempo con ella y también (yo) quería que ella _____ (ser)¹² más cariñosa conmigo. Su respuesta fue:

MÓNICA: Cariño, yo también quiero _____ (pasar)¹³ más tiempo contigo, pero tú sabes que yo _____ (necesitar)¹⁴ estudiar mucho para mis exámenes.

YO (PASCUAL): Sólo te pido que _____ (salir[nosotros])¹⁵ todos los fines de semana, al menos un día. Sabes que trabajo mucho. Por eso, cuando _____ (ser)¹⁶ sábado, me gusta salir y divertirme.

MÓNICA: Entonces, lo mejor es que _____ (romper[nosotros])¹⁷. Para mí es importante que tú _____ (ser)¹⁸ feliz y dudo que yo _____ (poder)¹⁹ hacerte feliz.

Ese día mi novia Mónica y yo rompimos. Cuando por la noche yo _____ (volver)²⁰ a mi casa, yo estaba desesperado. Incluso hoy, todas las noches, cuando _____ (pensar)²¹ en ella, me pongo un poco triste. Sin embargo, he decidido que es hora de superarlo.

He venido a esta agencia matrimonial porque necesito que alguien _____ (ayudarme)²² a encontrar novia. Busco una chica que _____ (ser)²³ comprensiva, que _____ (tener)²⁴ menos de veintiocho años y que _____ (no estudiar)²⁵ todo el tiempo. Quiero que mi futura novia _____ (comprarme)²⁶ flores todas las semanas. Deseo que ella nunca _____ (olvidar)²⁷ nuestro aniversario. Y es importante que ella _____ (compartir)²⁸ conmigo todos sus problemas y preocupaciones.

Nombre: _____ Fecha: _____

Yo cocinaré para ella todas las noches, a menos que a ella también ____(29)____ (gustarle) cocinar. Y yo lavaré los platos y limpiaré la casa con tal de que ella ____(30)____ (estar) siempre conmigo.

Cuando ella ____(31)____ (estar) triste, yo la escucharé.

Cuando ella ____(32)____ (tener) problemas, yo le ayudaré.

Estoy cansado de ____(33)____ (estar) solo en esta ciudad tan grande. Quiero una amiga o novia ____(34)____ (para / para que) nosotros ____(35)____ (pasarlo bien). También es importante que ella ____(36)____ (tener) un coche rápido y deportivo (un Porsche, por ejemplo), ____(37)____ (para / para que) nosotros ____(38)____ (viajar) por todo el país y ____(39)____ (ver) diferentes lugares.

En caso de que ____(40)____ (existir) alguna mujer que ____(41)____ (cumplir) todos mis requisitos, deseo que ella ____(42)____ (llamarme) lo antes posible. ¡Estoy deseoso de ____(43)____ (conocer) a la mujer de mis sueños!

III. 1. La historia de los coches. Las calles de la ciudad están llenas de carteles publicitarios que anuncian los últimos modelos de coches. Hoy en día hay coches deportivos que son muy cómodos, que corren a más de 200 kilómetros por hora, que son convertibles, etcétera. Escribe los pensamientos de Gerardo cuando ve el cartel publicitario del deportivo Audi Coupé. Usa una hoja de papel aparte.

Lección 7 • 163

III. 2. Gerardo no puede dejar de pensar en los coches. Ese cartel publicitario ha hecho que él recuerde todos los coches que ha manejado desde que obtuvo el permiso de manejar en 1966, cuando él tenía dieciocho años. Completa los pensamientos de Gerardo con la preposición correcta y la forma adecuada del verbo entre paréntesis.

El primer coche que recuerdo en mi vida es el coche de mi papá. Mi papá tenía un coche (auto) que _____1_____ (ser) muy viejo y muy grande. Era una camioneta verde del año 52 que nunca _____2_____ (estropearse) y que además _____3_____ (tener) un motor muy bueno. Cuando yo tenía doce años, yo creía que la furgoneta de mi papá _____4_____ (ser) la cosa más maravillosa del mundo. No creía que entonces _____5_____ (haber) una furgoneta más bonita en toda la región.

Cuando cumplí dieciséis años, empecé a leer revistas de coches. Ya no me parecía que la camioneta de papá _____6_____ (ser) la mejor del mundo. A mí no me gustaba ningún coche en particular. Pero, en general, quería un coche que _____7_____ (ser) descapotable, que _____8_____ (tener) las ruedas muy grandes y que _____9_____ (correr) a mucha velocidad. Soñaba con los primitivos deportivos Ferrari. Todavía no existían coches que _____10_____ (correr) a 150 millas por hora. Tampoco existían coches que _____11_____ (funcionar) con gasolina sin plomo. Los coches hechos en 1960 _____12_____ (correr) a un máximo de 120 millas por hora y solamente _____13_____ (funcionar) con gasolina con plomo.

Mi padre me enseñó a manejar su furgoneta. Pero yo quería para mí un coche que _____14_____ (ser) menos viejo y más moderno. Por eso yo quería que mis padres _____15_____ (comprarme) un coche nuevo. Yo no tenía nada de dinero y necesitaba que mis padres _____16_____ (regalarme) el coche para mi cumpleaños. Mi mamá no quería que yo _____17_____ (tener) un coche y siempre decía que los coches _____18_____ (ser) muy peligrosos. Por el contrario, mi papá siempre _____19_____ (animarme) a tomar el examen de manejar. Según él, era necesario que yo _____20_____ (hacer) ese examen y que lo pasara lo antes posible.

El día que cumplí dieciocho años, yo _____21_____ (tomar) el examen de manejar y _____22_____ (pasarlo). Yo estaba muy contento de _____23_____ (tener) el permiso. Pero a mi madre le preocupaba que yo _____24_____ (manejar) muy de prisa. El día que cumplí veintiún años, mi padre _____25_____ (comprarme) mi primer coche. Era un coche rojo que _____26_____ (hacer) mucho ruido y que las chicas _____27_____ (mirar) cuando lo veían. Mi padre siempre dudó que yo _____28_____ (manejar) de forma segura. Y por eso me compró un coche viejo.

Nombre: _____ Fecha: _____

Lección 8 *Hispanoamérica: ¡Qué diversidad!*

Manual de ejercicios

A. VOCABULARIO

I. ¡Saludos desde Puerto Rico! Eva y Jaime son estudiantes de ecología de la Universidad de Puerto Rico-Río Piedras. Dentro de una semana, van con varios compañeros de clase a Argentina y a los Estados Unidos para estudiar la ecología de esos países. Antes de irse, pasan unos días en las playas de su país. Jaime decide escribirle una carta a un amigo argentino para contarle sobre su país y acordarle de su visita. Completa la siguiente carta que Jaime le ha escrito a su amigo Jorge, usando el vocabulario de este capítulo.

árboles	relámpagos	olas	valle
el llano	al norte	arena	tormenta
truenos	las islas del Caribe	costa	selva

Queridísimo Jorge,

Te escribo desde una playa hermosa de Puerto Rico. Estoy aquí con mi amiga Eva. ¿Te dije que ella va conmigo y nuestra clase a tu país? Estamos entusiasmados con la idea de estudiar algunas áreas remotas de Argentina, y yo tengo ganas de charlar contigo, también. ¿Cuánto hace que no nos vemos?

Salimos el próximo viernes, pero hasta entonces, yo me quedo aquí, en la playa Luquillo. Estoy seguro que tu país es hermoso, pero el mío es increíblemente bello. Tiene de todo, desde las playas hermosas con su _____ blanca; el mar con grandes _____ para surfear, hasta la _____ densa de "El Yunque", con sus _____ verdes y sus animales exóticos.

Durante el día de hoy, ha hecho sol y bastante calor, sin embargo, anoche hubo una _____ fuerte. No podía dormir por el ruido de los

Lección 8 • 165

_____ y la luz de los _____. Pero, como siempre, hoy amaneció con buen tiempo.
                6   7

   Bueno... ahora me despido porque vamos a cenar. Te llamaré en cuanto llegue a Argentina.

                                    Un abrazo,

                                    Jaime

II. Definiciones. Empareja la palabra de la columna A con la definición de la columna B.

A	B
1. sindicato	____ a. conjunto de personas que tienen una misma opinión política
2. ejército	____ b. grupo que se ocupa del bienestar de los trabajadores
3. gabinete presidencial	____ c. personas armadas que forman las fuerzas militares
4. partido político	____ d. persona que goza de los derechos políticos de un país
5. indígena	____ e. manera violenta de quitarle el poder al partido político que está en el gobierno
6. huelga	____ f. restricciones impuestas por el gobierno a los medios de comunicación
7. golpe de estado	____ g. habitante con raíces naturales en el país en que vive
8. democracia	____ h. sistema de gobierno en el que todos tienen derecho al voto
9. censura	____ i. acuerdo entre los trabajadores de una empresa para no trabajar y obligar a los patrones a considerar sus demandas
10. ciudadano	____ j. grupo de colaboradores que aconseja al presidente de una nación

B. EL CONDICIONAL

I. Iguazú: una catarata de tres kilómetros formada por 275 cascadas unidas, situada en el rincón donde confluyen Argentina, Paraguay y Brasil. Jaime y Eva van con sus compañeros de la Universidad de Puerto Rico a Igazú para estudiar la ecología de la catarata. Jaime está consultando con un agente de viajes las diferentes posibilidades de organizar el viaje.

IGUAZÚ: LA HERIDA BLANCA DE LA SELVA —En el rincón donde confluyen Brasil, Argentina y Paraguay surge la herida blanca. El agua se convierte en espuma; los ruidos de la selva, en tronar ensordecedor, y el visitante, en aturdido espectador de los caprichos de la naturaleza. Es Iguazú, Agua Grande en guaraní, una catarata de tres kilómetros formada por 275 cascadas unidas.

Nombre: _____ Fecha: _____

Millón y medio de turistas visitan cada año Iguazú desde Brasil y Argentina. En ambos países forma parte de un parque natural.

El río Iguazú nace en la brasileña Serra do Mar. Luego surca la selva durante 1.300 kilómetros hasta llegar a la catarata. Allí el agua se precipita con furia y ruido y cae a 82 metros abajo. Ya estamos en el rinconcito donde confluyen Brasil, Argentina y Paraguay. La catarata tiene casi tres kilómetros de largo y se ubica, casi en su totalidad, en territorio argentino. Los saltos de agua llegan a medir entre 60 y 85 metros. Y su enorme caudal alcanza hasta 12.700 metros cúbicos por segundo.

La catarata es cuatro veces más grande que la del Niágara y esa bellísima cortina de agua, sobre la que continuamente hay un arco iris, son en realidad 275 cascadas juntas.

Completa las preguntas que le hace el agente de viajes a Jaime. Complétalas con el condicional del verbo entre paréntesis y después contéstalas.

1. Agente: En la temporada de lluvias, de noviembre a marzo, el enorme caudal del río alcanza hasta 12.700 metros cúbicos por segundo. ¿En qué fecha _____ (salir) Uds. de viaje?

   Jaime: _____

Lección 8 • **167**

2. Agente: A Iguazú se puede llegar desde Ciudad del Este (Paraguay), Puerto Iguazú (Argentina) y Foz de Iguazú (Brasil). ¿Desde dónde _____ (llegar) Uds.?
   JAIME: _____

3. Agente: Tanto en Brasil como en Argentina, las cataratas forman parte de un parque natural que protege el patrimonio animal y vegetal de la zona. Las plantas acuáticas que hay en Iguazú incluyen una variedad, podostemaceae, que sólo crece en aguas rápidas. ¿_____ (Tener) interés en hacer excursiones por todo el parque natural? ¿O _____ (preferir) visitar simplemente las cataratas?
   JAIME: _____

4. Agente: Dudo que Uds. sepan que el explorador descubridor de las cataratas fue el español Cabeza de Vaca. Las descubrió en 1541, y las bautizó con el nombre de las Cascadas de Santa María. Hoy ese rincón se llama Iguazú, que en guaraní significa Agua Grande. Allí, pueden encontrar muchos guías para que les expliquen la historia y geografía. ¿_____ (Gustarles) contratar a uno de esos guías para que les acompañe durante todas las excursiones?
   JAIME: _____

5. Agente: En cuanto al alojamiento, los lugareños recomiendan dos cosas: dormir en el hotel Cataratas en Brasil y madrugar mucho para asistir al despertar de la selva: cantos de pájaros, aullidos de felinos, sonidos de hojas gigantes mecidas por el viento... ¿A qué hora _____ (estar) Uds. dispuestos a levantarse todos los días?
   JAIME: _____

6. Agente: El hotel Cataratas, un edificio estilo colonial, está en medio del codo que hace el río antes de la falla. Es un lugar precioso. ¿_____ (Pagar) Uds. 85 dólares por noche, o _____ (preferir) alojarse en un hotel más barato?
   JAIME: _____

7. Agente: En el mismo hotel, se alquilan helicópteros por 25 o 50 dólares. El viaje dura siete minutos. Desde arriba, Uds. _____ (poder) ver la isla Grande, y la Garganta del Diablo: el más profundo cañón en el que parece que un océano cae en el abismo. ¿_____ (Alquilar) el helicóptero? Yo creo que Uds. _____ (deber) alquilarlo. No es muy caro y ¡la vista es impresionante!
   JAIME: _____

Nombre: _____   Fecha: _____

8. Agente: En la parte argentina se puede comprar un paseo completo: la Garganta del Diablo, un paseo por el río Paraná (adonde llega el río Iguazú 23 kilómetros aguas abajo) en busca del caimán, visita a la isla de San Martín y, desde allí recorrido del río hasta la rompiente de las aguas. Todo por 30 dólares, incluyendo un bufé en los jardines del hotel Internacional. ¿_____ (Comprar) el paseo completo o _____ (preferir) hacer las excursiones por su cuenta?

   JAIME: _____

9. Agente: Además, _____ (deber) visitar la presa Itaipú, la más grande del mundo, y _____ (tener que) hacer la pequeña travesía en barca.

10. Agente: _____ (Ser) conveniente que Uds. reservaran los boletos con bastante antelación. ¿_____ (Tener) Uds. tiempo de pasar por mi oficina esta tarde o mañana por la mañana?

    JAIME: _____

II. ¡Y ahora te toca a ti! Jaime, Eva y sus compañeros de la universidad van a ir a los Estados Unidos después de terminar de estudiar la ecología del área alrededor de Iguazú. ¿Qué recomendarías que hicieran?

1. ¿Adónde los mandarías?

   _____
   _____
   _____

2. ¿Dónde podrían alojarse?

   _____
   _____
   _____

3. ¿Qué excursiones les propondrías hacer?

   _____
   _____
   _____

4. ¿Adónde no recomendarías que fueran?

   _____
   _____
   _____

Lección 8

C. LAS CLÁUSULAS QUE DEPENDEN DE SI...

I.1. El origen de la yerba mate. La siguiente leyenda de los indios guaraníes del Paraguay nos explica el origen de la yerba mate, una planta cuyas hojas se usan para hacer un té llamado mate. Este té se ofrece como símbolo de amistad y hospitalidad en Argentina. Lee con mucha atención la leyenda.

Se dice que la diosa Luna y la diosa Nube, para bajar a la tierra, tomaron la forma de bellas mujeres. Su tarea era recoger flores. Si veían alguna flor hermosa, la cortaban y se la llevaban al cielo. Cuenta la leyenda que un día que comenzó a caer la tarde, la diosa Luna y la diosa Nube iban de un lado a otro recogiendo flores sin darse cuenta de que ya estaba oscureciendo. Ellas sabían muy bien que si se demoraban recogiendo flores, oscurecería y no podrían llegar al cielo. Mientras decidían si debían cortar una más o volver al cielo se les presentó un tigre feroz. Las dos diosas sintieron un miedo terrible porque si el tigre las mataba, nunca más se verían de noche ni las nubes ni la luna.

Por suerte en ese momento pasaba un muchacho guaraní, y al verlas temblar, se preguntó si ellas correrían algún peligro. Al ver al tigre, el indígena lanzó dos flechas y el tigre cayó al suelo. Temiendo que las puertas del cielo se cerraran, las diosas desaparecieron sin decir una sola palabra.

Esa noche, mientras el indio dormía, vio en un sueño a la diosa Luna que le decía que si iba al sitio donde él había matado al tigre, encontraría una planta aromática con la cual podría hacer un té muy rico. Al día siguiente, el indígena fue al lugar indicado y encontró la primera planta de yerba mate. Si no fuera por el muchacho guaraní, nosotros no conoceríamos el mate que se toma en Argentina, Paraguay y Uruguay como símbolo de amistad y hospitalidad.

(adaptado de *Leyendas latinoamericanas*)

I.2. Ahora completa las siguientes oraciones, basándote en la leyenda que acabas de leer.

1. Si las diosas veían flores hermosas en la tierra, _____
   _____

2. La diosa Nube y la diosa Luna sabían muy bien que si se demoraban mucho recogiendo flores,
   _____

3. Mientras decidían si debían seguir cortando flores o volver al cielo, _____
   _____

4. Esa noche, mientras el muchacho guaraní dormía tranquilamente, la diosa Luna apareció en su sueño y le dijo que si iba al sitio donde había matado al tigre, _____
   _____

5. Si no fuera por el indio guaraní, hoy día nosotros no _____
   _____

Nombre: _____ Fecha: _____

II. ¡Y ahora te toca a ti!

1. Si tú fueras el muchacho guaraní que mató al tigre, ¿harías lo mismo que él? ¿Por qué?
   _____

2. Si fueras a Argentina algún día y te ofrecieran mate, ¿lo tomarías o lo rechazarías?
   _____

D. EL PRESENTE PERFECTO DEL SUBJUNTIVO O DEL INDICATIVO

Los chicos ya han disfrutado de casi dos semanas de estudios en Argentina. Han visitado muchos lugares y aprendido mucho de la ecología del área. Pero, por suerte todavía les quedan dos días. Como ellos quieren aprovecharlos al máximo, Eva consulta con el guía para que le dé algunas sugerencias para todo el grupo. Según el contexto, completa el siguiente pasaje con el presente perfecto del indicativo o del subjuntivo.

Eva (un poco confundida):

Es increíble que nosotros _____ (ver) tantas cosas en tan pocos días, pero aún necesitamos algunas sugerencias para poder aprovechar estos últimos días. Personalmente, yo sé que no quiero quedarme más en la selva… me gustaría ver un poco de la civilización, si es posible. No hay nadie que _____ (necesitar) una ducha fresca y una cama cómoda como yo.

El guía (pensando en voz alta):

Hmmm… Me imagino que Uds. ya _____ (ver) mucha de la naturaleza argentina. Podrían hacer una expedición a Buenos Aires si no lo _____ (hacer) ya. También me encantaría llevarlos de excursión a la ciudad de Rosario si todavía no les _____ (hacer) la oferta. ¡Piénsenlo bien y díganme qué quieren hacer cuando lo _____ (decidir)!

E. LOS INDEFINIDOS Y LOS NEGATIVOS

El grupo de estudiantes ha decidido ir a Buenos Aires para pasar sus últimos dos días en Argentina. Quieren salir por la noche y disfrutar de la vida noctura de la ciudad cosmopolita, pero no se pueden poner de acuerdo para decidir a qué lugar ir. Completa el siguiente diálogo con la palabra adecuada de la lista.

algo / nada   alguien / nadie
algún (o / a) / ningún (o / a)   siempre / nunca
también / tampoco

EVA: ¡Miren, chicos! Aquí hay una discoteca para bailar salsa, merengue, rumba, samba y lambada.

JAIME: Yo no quiero ir. A mí no me gusta ese tipo de música.

EVA: ¡Eres un aburrido! Tú _____ quieres ir a una discoteca. Sólo te gusta ir al cine o a la biblioteca.

JOSÉ: ¡Sí, sí! ¡Eva tiene razón! Yo _____ pienso que eres un aburrido. Casi
2
_____ pones excusas para no salir por la noche y no ir con nosotros a
3
las discotecas.

JAIME: Hay diferentes formas de pasarlo bien aquí en Argentina. Yo _____ les
4
pregunto si desean ir conmigo al cine. Siempre voy solo y _____ va
5
conmigo.

EVA: ¡No estoy de acuerdo contigo! Cuando vas a ver _____ película interesan-
6
te, yo siempre voy contigo.

JOSÉ: Está bien, está bien. No discutamos. Estábamos hablando de ir a bailar salsa y merengue esta noche.

JAIME: ¿No hay _____ más interesante para hacer?
7

EVA: ¿Hay _____ que te guste hacer?
8

JAIME: No seas irónica. Bueno. Creo que tengo que confesarles _____.
9

JOSÉ: Cuéntanos. Ya sabes que no tenemos _____ secreto entre nosotros.
10

JAIME: No quiero ir a bailar porque no sé bailar.

EVA: ¡No importa! Yo _____ sé bailar pero me da igual. No tengo
11
_____ sentido del ridículo. Y si _____ se ríe cuando bai-
12   13
lo, simplemente no le hago caso.

JAIME: Está bien. Me han convencido. No me iré de Buenos Aires sin bailar salsa, merengue,
rumba y lambada.

II. ¡Y ahora te toca a ti!

1. ¿Has bailado alguna vez salsa, merengue, rumba o lambada? ¿Cuándo?
_____
_____
_____

2. ¿Siempre bailas cuando vas a las discotecas? ¿O nunca bailas y prefieres quedarte en la barra?
_____
_____
_____

3. ¿Conoces a alguien que sepa bailar muy bien estos bailes latinos? ¿Querrías aprenderlos algún día?
_____
_____
_____

Nombre: _____ Fecha: _____

F. LA VOZ PASIVA

Antes de irse de Argentina, Jaime decide escribirle una carta a su tío Eduardo, un gran aficionado de la política. Las siguientes oraciones forman parte de la carta de Jaime. Pon cada una de las siguientes oraciones en la voz pasiva.

Ejemplo: Los partidos políticos firmarán un convenio.
Un convenio será firmado por los partidos políticos.

1. El gobierno impuso el orden.

2. El gabinete apoyó al presidente.

3. El pueblo eligió a los representantes.

4. La Cámara de Senadores aprobó las leyes.

5. Los dirigentes sindicales agitan a los trabajadores.

6. El sindicato declarará una huelga general.

Lección 8 • 173

G. LA VOZ PASIVA CON *SE* VERSUS LA VOZ PASIVA CON *SER*

Puerto Rico: Una rica herencia ecológica. Los estudiantes están regresando a Puerto Rico. En el avión, leen un artículo sobre su país en el periódico de la aerolínea. Completa los siguientes párrafos con la forma apropiada del verbo. Añade, además, el pronombre **se** si es necesario.

Puerto Rico es una isla de abundantes áreas naturales con una rica herencia cultural. Pero como toda isla pequeña, _____1 (enfrentar) con una intensa presión sobre sus recursos naturales por el crecimiento urbano y el aumento en la población. El Fideicomiso de Conservación de Puerto Rico intenta proteger los recursos y bellezas naturales de Puerto Rico para que _____2 (existir) por muchas generaciones más. Puerto Rico _____3 (conocer) por sus playas hermosas y por su buen clima, pero el Fideicomiso de Conservación quiere que también _____4 (conocer) por sus otras riquezas naturales.

Para llegar a este fin, _____5 (tener) que proteger los recursos naturales a través de programas de educación y reforestación. También _____6 (deber) mantener lugares donde la gente pueda ir a gozar de lo que Puerto Rico ofrece.

Los Amigos del Fideicomiso _____7 (contribuir) a la conservación y protección de la naturaleza y _____8 (donar) los fondos necesarios para que el Fideicomiso pueda asegurar la supervivencia para beneficio de las futuras generaciones.

H. ¡OJO CON ESTAS PALABRAS!

De excursión en Puerto Rico. Jaime y Eva se han hecho novios durante el viaje. Jaime está muy nervioso porque va a conocer a las tías de Eva. Todos juntos se van a ir de excursión a Ponce y Jaime quiere que todo salga bien. Completa el siguiente diálogo entre Jaime y su hermano Rodrigo con la forma adecuada del verbo **quedar**.

quedar	quedarse
quedar en (¿en qué?)	quedársele
quedarle (a uno)	quedar mal con

RODRIGO: ¡Oye Jaime! Se te ve tan enamorado. ¿_____1 con la chica de tus sueños?

Nombre: _____ Fecha: _____

JAIME: ¿Con Eva? Pues tengo una cita con ella a las dos de la tarde. Nosotros _____ ir a Ponce con sus tías, pero tengo un problema serio. No sé exactamente dónde _____ la carretera que va allí y (a mí) _____ el mapa en la oficina de la universidad. ¿Tendrías tú uno?

RODRIGO: Sí, sí, claro. Por mi hermanito, cualquier cosa.

JAIME: La mamá y las tías de Eva son encantadoras. Me tratan como si fuera su hijo. Además es una familia muy tradicional y no quiero _____ Eva, ahora que van tan bien las cosas y ya pensamos en casarnos.

RODRIGO: Ya veo. Pero no te preocupes. Estás muy guapo; la ropa que llevas _____ muy bien. Pero será mejor que te des prisa. Si tú _____ hablando conmigo, vas a llegar tarde y entonces sí que vas a _____ Eva y con toda su familia.

JAIME: ¡Tienes razón! Me tengo que ir corriendo porque sólo _____ quince minutos para pasar a buscarlas con el coche. ¡Adiós!

RODRIGO: ¡Adiós, hermanito! ¡Ah, y mucha suerte!

I. ¡EXPRÉSATE POR ESCRITO!

1. ¿Piensas que Puerto Rico debe hacerse un estado de los Estados Unidos, independizarse o mantenerse como un Estado Libre Asociado? ¿Por qué?

   _____
   _____
   _____

2. De todos los países hispanoamericanos, ¿cuál te atrae más? ¿Podrías decir por qué?

   _____
   _____
   _____

3. ¿Cuáles son algunos de los aspectos del mundo hispano que más te gustan?

   _____
   _____
   _____

4. Si te ofrecieran una beca para ir a estudiar el próximo año a Puerto Rico, ¿lo harías? ¿Por qué?

   _____
   _____
   _____

Lección 8

5. ¿Podrías escribir la capital de cinco países hispanoamericanos?

6. ¿Podrías nombrar a tres gobernantes hispanoamericanos?

J. PERSPECTIVAS: LECTURA, COMPRENSIÓN Y DISCUSIÓN

I. Lee con cuidado y atención el siguiente artículo.

EL PERIÓDICO UNIVERSITARIO DE HORIZONTES

Cerebros que se van
Por Gladys Nieves Ramírez

EL NUEVO DÍA

MAYAGÜEZ — Puerto Rico cuenta desde ayer con 1.880 profesionales nuevos, aunque gran parte de ellos, especialmente los nuevos ingenieros, se llevarán los conocimientos recién adquiridos a los Estados Unidos.

Durante la octagésima colación de grados, que se efectuó ayer en el coliseo Rafael A. Mangual, el Recinto Universitario de Mayagüez (RUM) concedió diplomas a 646 ingenieros, 641 de la Facultad de Artes y Ciencias, 294 de Administración de Empresas y 111 de Ciencias Agrícolas.

También otorgó 184 grados de maestría y cuatro doctorados en ciencias marinas.

El 46% de la clase del año 2000 pertenece al cuadro de honor y el 52% del total fue de mujeres. Estas acapararon gran parte de los premios otorgados por promedio.

El Premio Luis Stefani Raffucci, galardón máximo del recinto que se otorga al estudiante de bachillerato con un promedio de 4.0, fue concedido a tres mujeres: María de las Mercedes Martínez Iñesta, de Ingeniería, y María Belén Villar Prados y Carmen Ana Pérez Montalvo, de Artes y Ciencias. La clase graduada también fue presidida por la joven Cianella I. Rodríguez.

La colación de grados de este año se llevó a cabo en dos sesiones: por la mañana se graduaron los estudiantes de Ingeniería y Ciencias Agrícolas y por la tarde los de Administración de Empresas y Artes y Ciencias.

La clase de 1950, que conmemora su aniversario de oro, apadrinó la clase del 2000 y se sentó en primera fila.

"El pueblo de Puerto Rico aguarda con entusiasmo y esperanza la contribución que cada uno de Uds. pueda hacer para el bienestar económico y social del país", expresó la rectora Zulma R. Toro durante la ceremonia de la mañana.

Destacó que a esta primera clase graduada del siglo XXI le tocará aportar sus conocimientos tecnológicos para el desarrollo de Puerto Rico sin olvidar los aspectos sociológicos.

La decana de Estudiantes, la doctora Diana Rodríguez Vega, quien sirvió de maestra de ceremonias, exhortó a los graduados a abrir un diálogo transparente en Puerto Rico y a rechazar los prejuicios en contra de la mujer.

"Ahora en el año 2000, que se escuche en todas las esferas del mundo profesional que los graduados del Recinto Universitario de Mayagüez están haciendo cambios positivos", afirmó Rodríguez.

Nombre: _____ Fecha: _____

II. Contesta las siguientes preguntas sobre el artículo.

1. ¿Cuál es el problema de que se habla en el artículo?
   _____
   _____
   _____

2. ¿Cuáles son los requisitos para ganar el Premio Luis Stefani Raffucci? ¿A quién(es) se le(s) dio?
   _____
   _____
   _____

3. ¿Qué porcentaje de los estudiantes que se graduaron eran hombres? ¿Te sorprende? ¿Por qué?
   _____
   _____
   _____

4. ¿Por qué se espera que los estudiantes se queden en Puerto Rico después de graduarse?
   _____
   _____
   _____

Lección 8

Manual de laboratorio

I. FRAGMENTO DE UNA OBRA DE TEATRO

Ud. va a escuchar una selección de teatro en la cual tres trabajadores de las minas recuerdan los hermosos lugares que tiene Perú.

COLLACOCHA
Enrique Solari Swayne

EJERCICIOS DE COMPRENSIÓN

A. Collacocha. Escuche las siguientes oraciones basadas en *Collacocha*. Después, indique con un círculo si las oraciones están de acuerdo con la escena que ha escuchado. Cada oración se leerá dos veces.

1. Sí   No
2. Sí   No
3. Sí   No
4. Sí   No
5. Sí   No
6. Sí   No

B. ¿Qué piensa? Lea las siguientes preguntas basadas en *Collacocha*. Después contéstelas en el espacio indicado.

1. ¿Le interesaría viajar a Perú después de escuchar las descripciones de los mineros? ¿Qué lugares le gustaría visitar más? ¿Por qué?

   _____
   _____
   _____

2. Como Ud. habrá notado, los colores figuran fuertemente en los recuerdos de los mineros (el mar rosado, las dunas violetas, el horizonte rojo, la sierra dorada, etc). Piense en su lugar favorito, por ejemplo la playa, un lugar en las montañas, un rincón de su casa, y describa los colores que Ud. asocia con cuatro objetos que se encuentran allí.

   _____
   _____
   _____
   _____
   _____
   _____
   _____

Nombre: _____ Fecha: _____

3. ¿Con qué se asocian las siguientes áreas de los Estados Unidos? También incluya los colores que se asocian cuando sea apropiado.

   a. Vermont _____

   b. Oregon _____

   c. Washington D.C. _____

   d. Nuevo México _____

   e. Tejas _____

   f. Kansas _____

   g. las montañas Rockies _____

   h. Carolina del Sur _____

II. PRONUNCIACIÓN

LAS CONSONANTES CH, F, M, N, Ñ

La combinación *ch* se pronuncia en español como en la palabra inglesa *chest*. Escuche y repita:

chica	leche
choza	chicha
chupar	mucho

* * *

La pronunciación de la *f* es idéntica en español y en inglés. Escuche y repita:

fijo	sofá
fama	jefe
forma	ofender

* * *

La *m* se pronuncia como en inglés pero sin apretar tanto los labios. Escuche y repita:

mesa	ama
mono	comer
mula	encima

* * *

La *n* se pronuncia generalmente como en la palabra inglesa *none*. Escuche y repita:

nave	Inés
nena	rana
nublado	sonido

* * *

Lección 8

Delante de **b, p** o **v**, la **n** se pronuncia como **m**. Escuche y repita:

invitar	en paz	un poco	invadir
con poco	invocar	un beso	sin peso

* * *

La **ñ** se pronuncia como el sonido intervocálico en inglés en la palabra *canyon*. Escuche y repita:

uña	mañana
leña	España
año	señal

* * *

Trabalenguas. Escuche el siguiente trabalenguas. Después, escúchelo de nuevo y repítalo, frase por frase. Finalmente, escúchelo una tercera vez y repítalo en su totalidad.

María Ichucena su choza techaba, y un techador que por allí pasaba le dijo: María Ichucena, ¿techas tu choza o techas la ajena? — Ni techo mi choza ni techo la ajena. Yo techo la choza de María Ichucena.

III. PRÁCTICA ORAL

A. EL CONDICIONAL

Ud. oirá una pregunta. Contéstela usando el condicional. Después, escuche y repita la respuesta correcta.

Ejemplo: Ud. oirá: ¿Qué haría Ud. en caso de emergencia? (llamar a la policía)
Conteste Ud.: ***Llamaría** a la policía.*

B. EL PRESENTE PERFECTO DEL SUBJUNTIVO

Ud. oirá una oración. Cambie el verbo de la cláusula dependiente al presente perfecto del subjuntivo. Después, escuche y repita la respuesta correcta.

Ejemplo: Ud. oirá: Espero que no se olviden.
Diga Ud.: *Espero que no **se hayan olvidado**.*

C. LAS CLÁUSULAS DE SI...

Ud. oirá una oración que expresa una condición real. Cámbiela a una condición hipotética. Después, escuche y repita la respuesta correcta.

Ejemplo: Ud. oirá: Si llueve, no saldremos.
Diga Ud.: *Si **lloviera**, no **saldríamos**.*

Nombre: _____ Fecha: _____

D. NEGACIÓN SIMPLE Y NEGACIÓN DOBLE

Ud. oirá una oración con negación doble. Dígala con una negación simple. Después, escuche y repita la respuesta correcta.

Ejemplo: Ud. oirá: No voy nunca al mercado.
    Diga Ud.: ***Nunca** voy al mercado.*

E. LOS INDEFINIDOS Y LOS NEGATIVOS

Ud. oirá una pregunta. Contéstela con una doble negación. Después, escuche y repita la respuesta correcta.

Ejemplo: Ud. oirá: ¿Hay algún taxi por aquí?
    Conteste Ud.: *No, **no** hay **ningún** taxi por aquí.*

F. LA CONSTRUCCIÓN CON *SE* COMO EQUIVALENTE DE LA VOZ PASIVA

Ud. oirá una pregunta. Contéstela según las indicaciones. Después, escuche y repita la respuesta correcta.

Ejemplo: Ud. oirá: ¿Dónde venden estas plumas? ¿en la librería?
    Conteste Ud.: *Sí, estas plumas **se venden** en la librería.*

IV. COMPRENSIÓN AUDITIVA

A. ISAPÍ: LA LEYENDA DEL SAUCE LLORÓN

Ud. oirá algunas palabras que aparecen en la siguiente leyenda. Repita cada una de ellas y lea su traducción al inglés. Ud. las necesitará para la comprensión de esta leyenda.

el sauce llorón	*weeping willow (tree)*	el brujo	*sorcerer*
el guerrero	*warrior*	el diablo	*devil*
la desgracia	*misfortune*	las tinieblas	*darkness*
las hierbas	*herbs*	endurecerse	*to harden*
detenerse	*to stop*	la rama	*branch*

❧ ❧ ❧

¿Entiende Ud. la leyenda? Si no, vuelva a escucharla antes de hacer el ejercicio de comprensión que sigue.

B. EJERCICIO DE COMPRENSIÓN

Ud. oirá la primera parte de una oración sobre *Isapí: La leyenda del sauce llorón* y tres terminaciones posibles. Indique con un círculo la respuesta más lógica. La oración y las terminaciones se leerán dos veces.

1. a b c   3. a b c   5. a b c
2. a b c   4. a b c

Lección 8 • **181**

Nombre: _____ Fecha: _____

Lección 9   *¡Hoy nos vamos de pachanga!*

Manual de ejercicios

A. VOCABULARIO

I. Las fiestas. Empareja la tradicional costumbre de la columna A con el día festivo de la columna B.

A	B
Las costumbres	**Días festivos**
1. Hacer nuevos propósitos	a. _____ la Navidad
2. Adornar las tumbas con flores	b. _____ el Día de la Independencia
3. Teñir los huevos	c. _____ el Día de los Muertos
4. Soplar las velas	d. _____ la Pascua
5. Saludar a la bandera	e. _____ el cumpleaños
6. Arreglar el Belén	f. _____ el Año Nuevo

II. Noche de paz, noche de amor. En muchos países hispanos, los platos de pavo son tradicionales en las fiestas de Navidad. Estudia el siguiente dibujo y en un pequeño párrafo explica la tristeza de la pareja de pavos.

_____
_____
_____
_____
_____

Lección 9 • **183**

III. ¡Y ahora te toca a ti!

1. ¿Qué son los villancicos y en que época se cantan?

   _____
   _____

2. ¿En qué grandes fiestas se come pavo en los Estados Unidos? Y el jamón, ¿lo comes en alguna fiesta familiar?

   _____
   _____

3. Para tu familia, ¿cuáles son los platos típicos de las siguientes fiestas?

   El Día de la Independencia: _____

   El Año Nuevo: _____

   El domingo de Pascua: _____

   Tu cumpleaños: _____

B. EL INFINITIVO

I. Mompox y sus procesiones de Semana Santa.
Se han celebrado las procesiones de Semana Santa en Mompox, Colombia desde antes de 1643. Son famosas porque son las únicas en el país que son marchadas (dos pasos adelante y uno hacia atrás). Completa las siguientes oraciones con la forma adecuada del verbo entre paréntesis.

1. Al _____ (llegar) la Semana Santa, los ciudadanos de Mompox, Colombia _____ (prepararse) para _____ (participar) en las tradicionales procesiones de Semana Santa.

2. Hay que _____ (reconocer) que el gran espíritu de las ceremonias y el orgullo de su tradición antiquísima _____ (ser/estar) típicos de la gente momposina.

3. En las procesiones se _____ (poder) contemplar los pasos artísticamente arreglados y decorados y _____ (notar) la dedicación, fe y devoción que el pueblo trae a esta ceremonia religiosa.

4. _____ (Participar) en las preparaciones o simplemente _____ (recorrer) el centro de la ciudad para _____ (observar) las procesiones, para muchos, _____ (resultar) ser una gran experiencia.

C. POR Y PARA

I. La llegada de los Reyes Magos.
El día 6 de enero se celebra en el mundo hispano la llegada de los tres Reyes Magos que, hace casi dos mil años, ofrecieron al Niño Jesús oro, incienso y mirra. En muchos países es en este día, y no en Navidad, cuando los niños reciben regalos. Echa un vistazo al artículo que se refiere a esta tradición y después completa con **por** o **para** las oraciones que siguen.

Nombre: _____ Fecha: _____

La Cabalgata anuncia hoy la mágica noche de Reyes

Sus Majestades desembarcarán en el puerto donostiarra a las cuatro y media de la tarde, recibirán las cartas y desfilarán a las siete y media. –Cuatro espectaculares carrozas formarán parte del séquito real que con más de 300 pajes recorrerá el centro de la ciudad

CARTAGENA DV
CORO AYCART

Llegó la víspera de tan esperada y mágica fecha de la llegada de los Reyes de Oriente. Los mismos que hace dos mil años ofrecieron al Niño Jesús oro, incienso y mirra, se acercarán hoy a Cartagena cargados de regalos y caramelos. Todo está preparado para que su llegada se convierta en una auténtica fiesta. La Cabalgata, plato fuerte de esta tarde, ultima sus preparativos. A partir de las cuatro y media los tres Magos y los niños se convierten en protagonistas de tan señalado día.

Tradiciones y creencias se aúnan en la celebración de esta tarde. A las cuatro y media está previsto que los Reyes Magos lleguen en su barca al dique exterior del puerto de Cartagena, donde serán recibidos por los niños congregados en el espigón. Minutos antes habrán recogido de la isla Providencia todos los regalos que allí tienen depositados. El Centro de Atracción y Turismo ha recomendado que las barcas particulares salgan a recibir a los Magos, uniéndose a la que realizan los viajes a la isla, que serán utilizados por el propio CAT.

Tras un breve saludo, serán recibidos por el alcalde de la ciudad quien agradecerá en nombre de todos la alegría que traen a los hogares.

Minutos después ocuparán sus tronos instalados en la terraza del Ayuntamiento para poder así entablar conversación con todos aquellos niños que deseen confiarles sus cartas rezagadas.

No sólo los niños acudirán a esta cita anual, también la Coral del Corazón de María ofrecerá a las seis y media un recital de canciones que ambientarán a los Reyes durante su estancia en el Ayuntamiento.

Desfile de carrozas

Cuando los relojes apunten las siete y media de la noche, los Magos se dirigirán hacia sus carrozas para proceder al recorrido por las calles de la ciudad, acompañadas de 300 pajes.

La carroza del rey Melchor es una fantasía sobre la Basílica de San Patri-

La carroza de Melchor. (Foto Mikel)

■ De cinco a siete de la tarde los Reyes recibirán a los niños en la terraza del Ayuntamiento

■ Durante el recorrido lanzarán desde sus fantásticas carrozas más de 500 kilos de caramelos

cio de la Plaza Roja de Moscú, con balalaicas, torres y grandes cúpulas, destacando en ellas el color azul.

Mientras tanto, Gaspar viajará en una carroza que nos lleva hacia las tierras nevadas en donde un gran reno sube hacia las alturas arrastrando tras de él un gran trineo cargado de regalos y desde el cual el rey saludará a los pequeños.

La tercera carroza del desfile es la del rey Baltasar, que nos sitúa en su palacio. Se compone de dos grandes torres rosadas rodeadas de una pequeña muralla y en la parte delantera el gran trono decorado con perlas.

Por último, los niños y mayores congregados esta tarde para presenciar la tradicional Cabalgata de Cartagena, podrán admirar la carroza más grande que es aquella destinada a la representación de un Nacimiento viviente. La Virgen, San José y el Niño irán montados sobre una fantasía marina con una gran embarcación sobre olas. También contará con grandes estrellas y un grupo de pequeños angelitos de carne y hueso.

Pero además, en la víspera del día de Reyes participarán más de 300 pajes. El tren txu-txu, rebaños de ovejas, cabras, vacas y mulos cargados de regalos realzarán la larga compañía real que en su lento desfilar lanzará a los ilusionados espectadores más de 500 kilos de caramelos. La Guardia Municipal vestida de gala, los caballitos de Igueldo, los gaiteros de Estella, el grupo de danzas Gastetxo y las fanfarres Fau Txori, los Pomposos y Tirritarra y Kilikariak formarán también parte de este mágico séquito real venido del más lejano Oriente.

Medidas de tráfico

Además de la colocación de 1.500 sillas de uso gratuito a lo largo del recorrido, los servicios municipales han previsto también algunas medidas para regular el tráfico en el centro de la ciudad.

El acceso al puerto se cortará sobre las cuatro de la tarde, por lo que todos los que aparquen en esta zona con anterioridad tendrán dificultad para sacar sus vehículos.

Por otro lado, el cierre del Boulevard se efectuará sobre las seis y siete de la noche, mientras que el cierre al tráfico del circuito se efectuará sobre las siete de la noche y no se podrá acceder al cuadrado formado por Easo, Plaza del Centenario, Prim, Vergara, Idiáquez, plaza de Guipúzcoa y Legazpi.

Se recomienda el acceso al Antiguo por la Variante, a Ayete por el alto de Errondo. Los viajes a Amara y Gros y viceversa se deben realizar por el paseo del Urumea y Árbol de Gernika.

Epifanía en la Catedral

Mañana domingo, solemnidad de la Epifanía del Señor, se celebrará en la Catedral del Buen Pastor a las 10 de la mañana la Misa solemne conventual, en la que se cantará la "Kalenda" o anuncio oficial de las principales fiestas religiosas del año nuevo.

El Coro del Buen Pastor interpretará, bajo la dirección del maestro de Capilla José María Zapirain, con la colaboración del organista titular Manuel Zubillaga, partituras de Reading, Réfice, Garbizu, Donostia, Urteaga y canto gregoriano, alternando con los asistentes en participación activa al acto litúrgico. Al final de la Misa se cantará el tradicional villancico "Mesías" de Bartolomé Ercilla.

Visitas a niños sin hogar

Además, los reyes Magos han hecho llegar su deseo de permanecer también el domingo en Cartagena. Cuando todos, pequeños y grandes, estén disfrutando de los regalos y roscones, los Magos se dedicarán a visitar a los niños sin hogar de Mundo Futuro, la Gardería Roteta y el colegio San José de la Montaña, donde también harán entrega de obsequios. De esta forma se eliminará el sorteo de regalos de la víspera en Alderdi-Eder.

En cualquier caso, las navidades terminan con alegría. En medio de las sorpresas, las ilusiones y los regalos, los niños y los no tan niños reviven hoy una de las noches más fantásticas del año. Sólo falta poner el zapato.

1. Esta tarde los Reyes Magos, Melchor, Gaspar y Baltasar, llegarán desde el Oriente _____ dejarles regalos a los niños.

2. _____ la mayoría de los niños, la llegada de los Reyes es un momento muy emocionante.

3. En la ciudad colombiana de Cartagena, habrá un desfile _____ celebrar su llegada.

4. Los Reyes tendrán más de 500 kilos de caramelos y 80 regalos _____ el público, y _____ lo tanto todos los niños presentes recibirán algo.

5. Este acto ha sido organizado totalmente _____ grupos socioculturales.

6. _____ muchas semanas se ha venido planeando este evento, y hoy, la víspera de Reyes, está _____ realizarse.

7. A las siete y media de la noche, los Reyes se dirigirán hacia sus carrozas *(parade floats)* _____ comenzar el desfile.

8. Las carrozas desfilarán _____ las calles de la ciudad.

9. La cabalgata primero pasará _____ el Ayuntamiento antes de doblar _____ la avenida Libertad.

10. Habrá 1.500 sillas de uso gratuito _____ los espectadores.

11. El domingo los Reyes Magos serán recibidos _____ los niños. Los más pequeños los tomarán _____ verdaderos reyes.

12. Como portavoz de la ciudad, el alcalde hablará _____ agradecerles a los Reyes _____ traer la alegría y la felicidad a los hogares.

II. Encuesta fotográfica. Lee con atención los comentarios de los niños de Cartagena sobre la llegada de los Reyes Magos. Después, escribe un pequeño párrafo sobre el regalo que más te impresionó cuando eras pequeño(a). ¿Qué edad tenías? ¿Quién te lo dio? Usa una hoja de papel aparte.

ENCUESTA FOTOGRÁFICA

La llegada de los Reyes Magos

CARTAGENA. DV

A falta de algunos días para que finalicen tan entrañables fechas navideñas, la ilusión de los más pequeños se encuentra más despierta que nunca. En los buzones quedaron las tradicionales cartas a los Magos de Oriente, mientras que las calles y tiendas donostiarras viven agitados días en los que se mezcla la sorpresa y la alegría de los regalos. Los niños siguen con la nariz pegada en los escaparates, soñando con ver ese querido objeto entre sus manos. La cabalgata está a punto de desfilar. (Fotos Postigo)

Laura Mejía
Escolar

«Espero: verles llegar al puerto el sábado. Es lo que más me gusta. Les he pedido una muñeca con su armario de ropa».

Vanesa Durán
Escolar

«Me gusta mucho la Cabalgata, sobre todo cuando veo pasar a los Reyes Magos. Yo les he pedido una cocinita».

Juanito Durán
Escolar

«En mi carta he puesto que me traigan un helicóptero con coches. También iré a la Cabalgata».

Amalia de la Torre
Escolar

«Les he pedido una pelota de voleibol, un libro y varios juegos para jugar con mis amigas».

María de la Fuente
Escolar

«Estoy esperando que me traigan un mecano. Normalmente me cuesta bastante dormirme la Noche de Reyes».

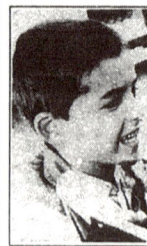

Marcos de la Torre
Escolar

«Tengo ya muchas ganas de que lleguen los Reyes Magos. Les he pedido una maleta que trae muchas cosas para construir casas».

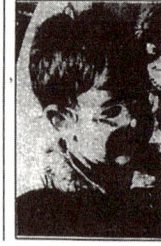

Leonel Valverde
Escolar

«Nunca he visto la Cabalgata. Este año será la primera vez. Espero que me traigan muchos coches, grandes y pequeños».

Nombre: _____ Fecha: _____

III. ¡Ahora te toca a ti escribirles a los Reyes Magos! Las Oficinas de Correos de algunos países hispanos reciben cada año, durante las semanas antes de la Navidad, miles y miles de cartas dirigidas a los Reyes Magos. Los remitentes, los niños, escriben sus cartas a los Reyes Magos para agradecerles por los regalos del año anterior y para pedirles muchos y nuevos regalos por ser buenos niños. Escribe ahora tu carta a los Reyes Magos.

Queridos Reyes Magos:

La Navidad va a llegar pronto. El 6 de enero Uds. vendrán, como todos los años. Les escribo estas líneas _____1_____ (por/para)

_____

_____

_____

Una vez más quiero agradecerles _____2_____ (por/para)

_____

_____

_____

Imagino que, como todos los años, el 6 de enero Uds. vendrán _____3_____ (por/para) la noche, vendrán _____4_____ (por/para) trineo y entrarán en mi casa _____5_____ (por/para) la chimenea. No se preocupen _____6_____ (por/para)

_____

_____

_____

Quiero hacerles un cambio. Yo ya estoy cansado(a) de mis viejos juguetes. Les dejaré junto a la chimenea una caja con esos juguetes, _____7_____ (por/para) que se los den a otros niños. Y se los cambio _____8_____ (por/para)

_____

_____

_____

Quiero pedirles las siguientes cosas, _____9_____ (por/para) haber sido buen(a) chico(a) durante todo este año pasado:

_____

_____

_____

Lección 9

D. OTRAS PREPOSICIONES: *BAJO, DESDE, HASTA, ENTRE, SOBRE* Y *SIN*

I. Fiestas y festivales durante la Semana Internacional de Jazz y la Semana Internacional del Teatro para Niños en Colombia. Para el que le guste viajar y le gusten los festivales, estos festivales de jazz y de teatro para niños le ofrecen unas vacaciones increíbles. Complete las frases que aparecen a continuación con las preposiciones **bajo, desde, hasta, entre, para, por, sobre** o **sin**.

- **En Bogotá**, y empezando _____(1) la capital colombiana, la compañía de danza dirigida _____(2) el famoso bailarín Mijail Baryshnikov, actuará _____(3) los días 8 y 11 de noviembre en el Teatro Colón de Bogotá. _____(4) duda, Baryshnikov y su compañía de danza "White Oak Dance Project" tienen fama mundial y, en los últimos dos años, se han escrito cientos de artículos buenos _____(5) el grupo.

- **En Barranquilla**, al norte de Colombia, la Nederlands dans Theater, una famosísima compañía de danza contemporánea, visita esta semana el Palacio de Festivales de Barranquilla. _____(6) la dirección y coordinación del bailarín más famoso del mundo, la compañía ofrecerá un espectáculo con coreografías creadas exclusivamente _____(7) ellos, _____(8) coreógrafos de reconocida fama mundial. Las representaciones tendrán lugar los días 10 y 11 de noviembre, _____(9) las diez y media de la noche _____(10) las doce.

- **Cali** es una ciudad que está _____(11) Bogotá y el océano Pacífico. _____(12) la gente de Cali, hay un gran amor por el teatro; _____(13) todo, por el teatro para niños. _____(14) eso, todos los años muchos grupos de teatro viajan _____(15) diferentes países latinoamericanos para representar sus obras en Cali. Las entradas para el teatro siempre se venden _____(16) muy temprano; y los actores aman al público. El 10 de noviembre, la obra *El pincel* será representada _____(17) el grupo belga Teatre de la Guimbarde. La obra durará _____(18) las siete de la noche _____(19) las diez de la noche.

- **En Popayán** se ha celebrado el Festival Internacional de Jazz de Noviembre _____(20) 1975. Este año vendrán intérpretes tan carismáticos como Joe Henderson, Jimi Scott y _____(21) el mismísimo Tete Montoliú. _____(22) el 1 y el 30 de noviembre, cientos de músicos de jazz desfilarán _____(23) el escenario y _____(24) el techo de la Sala Multiusos del Auditorio. Todos los conciertos comenzarán, _____(25) excepción, a las diez de la noche y durarán _____(26) la una de la madrugada, más o menos.

- **En Medellín**, _____(27) último, la obra de Albert Camus *Calígula* será interpretada _____(28) la dirección de José Tamayo _____(29) la Compañía del Teatro de Bellas Artes de Medellín. Los críticos de teatro locales han publicado muchos artículos _____(30) esta compañía durante el pasado mes. En general, las críticas son buenas y, _____(31) duda, los jóvenes actores tendrán mucho éxito _____(32) el público de la ciudad.

Nombre: _____ Fecha: _____

II. ¡Ahora te toca a ti ser guía turístico y cultural! Imagina que un(a) amigo(a) tuyo ha venido a visitarte y desea acudir a tres eventos culturales y tradicionales de tu país, estado o región. ¿A qué fiesta le llevarías? ¿A qué carnavales? ¿A qué celebración sociocultural? Diseña para él o ella un mapa cultural, apuntando los lugares en los que dichos acontecimientos se celebran, y describiendo esos acontecimientos. Responde en cada caso a las siguientes preguntas.

—¿Dónde se celebra? ¿Entre qué ciudades está ese lugar?

—¿Cuándo se celebra? ¿Desde qué día hasta qué día se celebra? ¿Desde qué hora hasta qué hora?

—¿Para qué se organiza ese evento? ¿Qué se celebra?

—¿Qué piensas sobre esa celebración?

—¿Qué es, sin duda, lo más importante que se celebra en ese evento?

FIESTAS

ROMERÍAS

FERIAS Y FESTEJOS GASTRONÓMICOS

CELEBRACIONES SOCIOCULTURALES

MANIFESTACIONES DEPORTIVAS

FESTEJOS VINÍCOLAS

CURROS

CARNAVALES

FERIAS DE GANADO

ROMERÍAS MARÍTIMAS

FESTIVALES FOLKLÓRICOS

1. _____

_____

_____

2. _____

_____

_____

3. _____

_____

_____

Lección 9 • 189

E. LOS DIMINUTIVOS Y LOS AUMENTATIVOS

I. ¡Amorcito, ven aquí un momentito! En el mundo hispánico, sabemos que el uso del diminutivo y del aumentativo es muy común, sobre todo en el ambiente familiar. Chris y Margarita son novios. Sus mejores amigos son de Colombia y por eso se han acostumbrado a utilizar el diminutivo y aumentativo para todo. En una sola conversación de cinco minutos, Margarita y Chris han usado ocho aumentativos o diminutivos. ¿Qué quieren decir? Empareja el diminutivo o el aumentativo de la columna A con una de las definiciones de la columna B.

A	B
1. pajarito	____ a. una silla cómoda y amplia
2. casona	____ b. una vivienda pequeña
3. palabrota	____ c. un ave pequeña
4. cuartucho	____ d. una habitación miserable
5. chiquillo	____ e. una mala palabra
6. riachuelo	____ f. una vivienda muy grande
7. casita	____ g. un muchacho muy joven
8. sillón	____ h. una pequeña corriente de agua

II. Chris y Margarita planean su viaje a Bogotá para pasar las Navidades. Chris le explica a Margarita cómo son los pueblos cerca de la capital colombiana, cómo son las casas, los habitantes. También hablan de los juguetes que van a llevar para sus sobrinos de Colombia. Usando el aumentativo o el diminutivo, según el caso, ¿cómo diría Chris lo siguiente?

1. Un pueblo pequeño y encantador es un _____.

2. Si algo está muy, pero muy cerca, decimos que está _____.

3. Un hombre grande y musculoso es un _____.

4. Una casa pequeña, sucia y mal cuidada es una _____.

5. Un tren de juguete es un _____.

6. Los ojos grandes y hermosos de un niño son unos _____.

Nombre: _____ Fecha: _____

F. ¡OJO CON ESTAS PALABRAS!

I. La bajada del Celedón. Son las seis menos cinco de la tarde. Toda la gente, jóvenes y adultos, se reúne en la plaza del centro de la ciudad Vitoria. Un cable de hierro va desde la punta de la catedral hasta la casa al otro lado de la plaza. A las seis en punto, explotará un cohete y el muñeco Celedón recorrerá la plaza colgado del cable. Es el inicio de las fiestas de Vitoria.

Lección 9 • 191

Completa la siguiente crónica periodística sobre el comienzo de fiestas en Vitoria. Usa las siguientes palabras de la lista.

antes de	delante de	encima de
arriba	después de	enfrente de
debajo de		

- En muchos pueblos las fiestas en honor a un patrón o patrona comienzan como en Vitoria. En Vitoria, la patrona es la Virgen Blanca. Las fiestas duran una semana. A las seis menos cuarto de la tarde del 4 de agosto, miles y miles de personas se reúnen en la plaza de la ciudad.

Nombre: _____ Fecha: _____

- A las seis menos cuarto, quince minutos _____(1)_____ la bajada del Celedón, todos los habitantes de la ciudad, más todos los turistas, se apiñan _____(2)_____ la iglesia de San Miguel.

- Hay un cable que une la punta de la catedral con una terraza de la casa que está exactamente _____(3)_____ la catedral, pero al otro lado de la iglesia.

- A las seis en punto, todas las personas miran hacia _____(4)_____. Tiran un cohete y el muñeco Celedón empieza a deslizarse por el cable, por _____(5)_____ las cabezas de miles y miles personas aplaudiendo y cantando. Hay incluso fotógrafos y jóvenes que se suben _____(6)_____ farolas y estatuas para ver mejor al Celedón.

- En tres minutos, el Celedón llega al otro extremo del cable. El muñeco entra en la terraza; y _____(7)_____ entrar, sale otra vez, pero en forma de persona.

- El Celedón grita a todo el pueblo, desde la terraza: ¡Viva Vitoria! Y las personas que están _____(8)_____ él responden: ¡Viva! Después, el Celedón grita: ¡Vivan las fiestas! Y las personas responden cantando y gritando: ¡Viva!

Lección 9 • 193

II. ¡Colgados! En español, en el lenguaje de los jóvenes sobre todo, es común llamar COLGADO a alguien que está loco, o incluso a alguien que ha bebido unas copas de más, siempre con un tono simpático. Expresiones como "he's nuts" o "she's crazy" se traducen como "él está colgado" o "ella está colgada". Recuerda que ha de decirse con un tono cariñoso y amable. Por otro lado, y literalmente, después de lavarse, las camisas y los pantalones están "colgados" en la ventana para secarse al sol. Describe al siguiente chico, que está de cabeza, usando las preposiciones estudiadas en esta lección.

Nombre: _____ Fecha: _____

G. ¡EXPRÉSATE POR ESCRITO!

1. ¿Cómo celebraste tu último cumpleaños?
   _____
   _____
   _____

2. ¿Cuáles fueron los dos propósitos más importantes que hiciste en Año Nuevo?
   _____
   _____
   _____

3. ¿Qué días feriados celebra tu familia?
   _____
   _____
   _____

4. ¿Has ido alguna vez a una feria de artesanías? ¿Qué artículos viste? ¿Qué compraste?
   _____
   _____
   _____

5. ¿Cómo se celebra el 4 de julio en los Estados Unidos?
   _____
   _____
   _____

6. ¿Cómo celebraste el día de San Valentín el año pasado?
   _____
   _____
   _____

7. ¿Por qué son tan populares entre los niños las piñatas mexicanas?
   _____
   _____
   _____

8. Los regalos tienen un lenguaje mudo y afectivo. ¿Qué significado tiene para ti si alguien te regala flores? ¿dinero? ¿un libro? ¿un fin de semana en la playa?
   _____
   _____
   _____

J. PERSPECTIVAS: LECTURA, COMPRENSIÓN Y DISCUSIÓN

I. Lee el artículo siguiente con cuidado y atención.

EL PERIODICO UNIVERSITARIO DE HORIZONTES HISPÁNICOS

El Carnaval de Barranquilla, Colombia

De boca en boca, han circulado diversas historias referentes a la manera como el pueblo barranquillero festejaba el Carnaval. Su forma siempre ingenua, graciosa, festiva y ante todo, sana, ha permitido que se conserve como una tradición que se remonta a hace tres siglos.

Las fiestas de Carnaval, de origen europeo, fueron introducidas en América por los españoles y los portugueses. Las de Barranquilla tienen antecedentes próximos en la celebración de las fiestas que se efectuaban en Cartagena de Indias, en época de la Colonia, como fiesta de esclavos. Por esas fechas aparecían por las calles los negros con instrumentos típicos y atuendos especiales, danzando y cantando.

La tradicional novena de La Candelaria, en Cartagena de Indias, sirvió de marco a suntuosos bailes. En el Siglo XVIII se les concedía un día de fiesta a los negros bozales traídos de África. Esas fiestas son la fuente de las principales danzas del Carnaval de Barranquilla.

En la segunda mitad del Siglo XIX, Baranquilla aumentó todos los sectores de su economía y explotó las condiciones geográficas que la empezaban a situar como ciudad principal en la región del Caribe. "La ventaja de estar en la desembocadura de la principal arteria fluvial de Colombia, el río Magdalena, la posibilita para ser un puerto fluvial y marítimo. Su situación en la zona norte de Colombia y en el área circuncaribe, le permite el desplazamiento económico de Cartagena, Mompox, Santa Marta y El Banco, siendo muchos de sus moradores los que vienen a participar de la prosperidad barranquillera", explica Roberto Castillejo en su obra *Carnaval en el Norte de Colombia*.

Históricamente no se tienen datos precisos acerca de la fecha inicial del primer Carnaval celebrado en Barranquilla; su tradición es tan remota como los primeros asentamientos humanos en la costa norte de Colombia. He aquí algunos datos:

1888 — Surgió una figura denominada Rey Momo (símbolo de la máscara).

1899 — Se creó el cargo de presidente del Carnaval y una Junta organizadora.

1903 — Se organizó la primera Batalla de Flores por una propuesta del señor Heriberto Vengoechea para recuperar una tradición carnavalesca de años anteriores.

1918 — Se eligió por primera vez una reina para presidir las festividades del Carnaval. Fue elegida Alicia Lafaurie Roncallo.

1923 — Se institucionalizó a partir de este año la era de los reinados, suspendida durante cinco años. Fue nombrada la damita Toña Vengoechea Vives.

1967 — Se introdujo un evento al Carnaval, la "Gran parada" que se lleva a cabo el segundo día de Carnaval (domingo).

1974 — Por iniciativa de Esther Forero se realizó la primera Guacherna, evento que rescató una tradición perdida: cumbiambas y tambores que en la noche alegraban los barrios de la ciudad.

Nombre: _____ Fecha: _____

II. Contrasta las siguientes preguntas, utilizando la información del artículo de la página anterior sobre el Carnaval de Barranquilla, Colombia.

1. ¿Dónde se originó el Carnaval?

   _____

   _____

2. ¿Por qué se asociaba el Carnaval de Cartagena de Indias con los esclavos?

   _____

   _____

3. ¿Por qué es Barranquilla un buen lugar para tener el Carnaval?

   _____

   _____

4. ¿Cuándo se creó una junta organizadora completa con un presidente para gobernar el Carnaval de Barranquilla?

   _____

5. ¿Por qué es notable Alicia Lafaurie Roncallo?

   _____

   _____

6. ¿Cómo se llama el evento en que los tambores suenan por la noche en los barrios de la ciudad?

   _____

   _____

III. Tú opinas.

1. ¿Qué opinas de las fiestas, tradiciones o deportes en los que los participantes vienen de todas partes de la sociedad/comunidad?

___
___
___
___

2. ¿Participarías tú en el Carnaval? ¿En qué tipos de actividades? ¿En cuáles no te gustaría participar? ¿Por qué?

___
___
___
___

Nombre: _____ Fecha: _____

Manual de laboratorio

I. OBRA DE TEATRO EN UN ACTO

En la siguiente fábula que Ud. va a escuchar, una polilla reclama los derechos de propiedad de los libros de la biblioteca y da una lección al bibliotecario.

FÁBULA: LA POLILLA Y EL BIBLIOTECARIO
Joaquín V. de González

EJERCICIOS DE COMPRENSIÓN

A. Primera parte. Escuche las siguientes oraciones basadas en *Fábula: La polilla y el bibliotecario*. Después indique con un círculo si las afirmaciones están de acuerdo con la escena que ha escuchado. Cada oración se leerá dos veces.

1. Sí   No
2. Sí   No
3. Sí   No
4. Sí   No

B. Segunda parte. Escuche las siguientes oraciones basadas en *Fábula: La polilla y el bibliotecario*. Después indique con un círculo si las afirmaciones están de acuerdo con la escena que ha escuchado. Cada oración se leerá dos veces.

1. Sí   No
2. Sí   No
3. Sí   No
4. Sí   No

C. ¿Qué piensa? Lea las siguientes preguntas basadas en *Fábula: La polilla y el bibliotecario*. Después contéstelas en el espacio indicado.

1. ¿Tiene Ud. muchos libros en su casa que jamás lee? ¿Por qué los guarda?

_____
_____
_____

2. ¿Cómo se sabe que la opinión del bibliotecario hacia la polilla ha cambiado? ¿Cómo logró la polilla cambiarle la opinión al bibliotecario?

_____
_____
_____

3. ¿Es un crimen contra la humanidad no compartir las ideas sea a través de los libros, las conferencias, etc.? ¿Existe una obligación a transmitir las ideas nuevas que posiblemente tendrían un impacto en la evolución de la sociedad? Dé algunos ejemplos que apoyen sus ideas.

___

II. PRONUNCIACIÓN

LOS DIPTONGOS

Los diptongos se forman de dos vocales que se pronuncian en una sola sílaba. Practique las combinaciones de la vocal débil *i* con las vocales fuertes:

ia	ie	io
piano	nadie	novio
viaje	piedad	socio
familia	tiene	adiós

Ahora, practique la combinación de la vocal débil *i* con la vocal débil *u*:

iu
viuda
ciudad
triunfo

* * *

Practique la combinación de la vocal *u* y otras vocales:

ua	ue	uo	ui, uy
agua	puede	ambiguo	Luis
guardar	fuego	contiguo	cuidar
igual	nuez	cuota	muy

* * *

Ahora, escuche y repita las combinaciones de las vocales fuertes con las débiles:

ai	au	ei o ey	eu	oi u oy
aire	flauta	rey	deuda	hoy
hay	causa	peine	feudal	voy
baile	audaz	reina	Europa	estoy
				oigo

200 • *Horizontes: Manual de laboratorio*

Nombre: _____ Fecha: _____

III. PRÁCTICA ORAL

A. EL INFINITIVO COMO SUJETO

Ud. oirá dos preguntas seguidas. Contéstelas en una sola oración, usando el infinitivo como sujeto. Después, escuche y repita la respuesta correcta.

Ejemplo: Ud. oirá: ¿Qué es malo para la salud?, ¿comer y beber mucho?
Conteste Ud.: *Sí, **comer** y **beber** mucho es malo para la salud.*

B. PREPOSICIÓN + INFINITIVO

Ud. oirá una oración con dos cláusulas. Modifique la cláusula subordinada con el infinitivo según el ejemplo. Después, escuche y repita la respuesta correcta.

Ejemplo: Ud. oirá: Nos reunimos para que veas nuestro progreso.
Diga Ud.: *Nos reunimos **para ver** nuestro progreso.*

C. *AL* + EL INFINITIVO

Ud. oirá una oración. Modifíquela usando la contracción **al** + *el infinitivo*. Después, escuche y repita la respuesta correcta.

Ejemplo: Ud. oirá: Cuando terminó la película se sintió triste.
Diga Ud.: ***Al terminar** la película se sintió triste.*

D. *DE* + EL INFINITIVO

Ud. oirá una oración condicional. Modifíquela usando **de** + *el infinitivo*. Después, escuche y repita la respuesta correcta.

Ejemplo: Ud. oirá: Si tuvieran dinero, comprarían una casa.
Diga Ud.: ***De tener** dinero, comprarían una casa.*

E. *POR Y PARA*

Ud. oirá una pregunta. Contéstela con las palabras que oirá a continuación, usando **por** o **para**. Después, escuche y repita la respuesta correcta.

Ejemplo: Ud. oirá: ¿Cómo lo supiste? (tu padre)
Diga Ud.: ***Por** tu padre.*

IV. COMPRENSIÓN AUDITIVA

A. EL SECRETO DE LA VIÑA

Ud. oirá algunas palabras que aparecen en el siguiente relato. Repita cada una de ellas y lea su traducción al inglés. Ud. las necesitará para la comprensión de la historia.

el campesino *farmer*	el tesoro *treasure*
estar para *to be about to*	el valor *value*
la viña *vineyard*	cavar *to dig*
enterrar *to bury*	aprovecharse *to profit*

🍇 🍇 🍇

¿Entiende Ud. el relato? Si no, vuelva a escucharlo antes de hacer el ejercicio de comprensión que sigue.

B. EJERCICIO DE COMPRENSIÓN

Ud. oirá la primera parte de una oración sobre el relato *El secreto de la viña* y tres terminaciones posibles. Indique con un círculo la terminación más lógica. La oración y las terminaciones se leerán dos veces.

1. a b c
2. a b c
3. a b c
4. a b c
5. a b c

Nombre: _____ Fecha: _____

Lección 10 ¿Cómo consigo la información?

Manual de ejercicios

A. VOCABULARIO

I.1. Evolución y desarrollo de los medios de comunicación. Muchos de nuestros abuelos y bisabuelos no conocieron la televisión, apenas conocieron el teléfono y los envíos de correo que tardaban meses en llegar a su destino. Hoy en día la televisión es de alta definición, los teléfonos son celulares y la comunicación intermundial puede ser instantánea a través del correo electrónico.

En el gráfico de la "Expansión de los servicios de telecomunicación desde 1847 al año 2000", señala con una cruz todos los servicios que has usado por lo menos una vez.

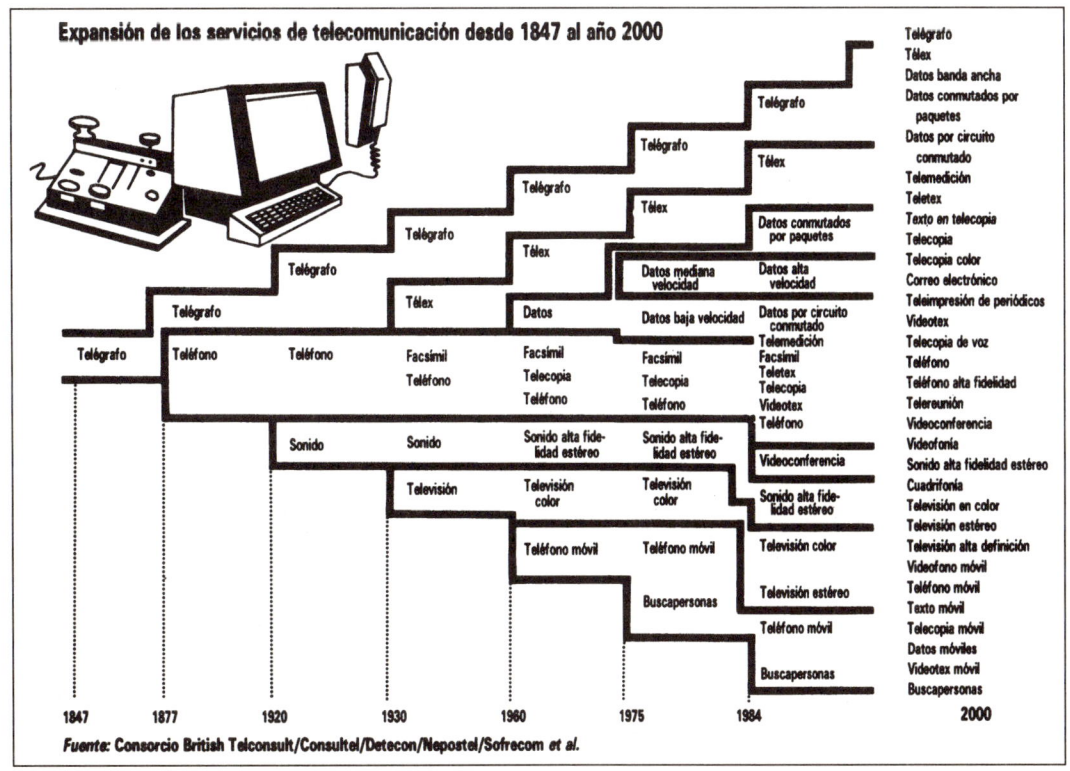

Lección 10 • 203

I.2. A continuación, en la lista del año 2000, selecciona los cinco servicios que más has usado, y explica cuándo y para qué.

Ejemplo: *Yo uso el correo electrónico dos veces por semana para comunicarme con mis amigos de Colombia.*

1. _____
_____

2. _____
_____

3. _____
_____

4. _____
_____

5. _____
_____

II. En la oficina de correos y telégrafos. Llena los siguientes formularios según la información dada.

II.1. Tienes que mandarle un paquete urgente por correo certificado al señor Eduardo Suárez, Oliden 325, Lomas de Zamora (1832), Tegucigalpa, Honduras. Pon tu propio nombre y dirección donde corresponde.

RECIBO PARA EL REMITENTE

CORREOS Envío **CERTIFICADO** Núm. ....

REMITENTE ....

   Calle .... n.º ....

   en ....

DESTINATARIO ....

   Calle .... n.º ....

   en ....

   FIRMA DEL EMPLEADO

MOD. M - 11 - 1990

| Sello de fechas |

CLASE		MODALIDAD	
Carta	☐	Contra reembolso ..	☐
Periódico	☐	Lempiras	
Impreso	☐	Con aviso de recibo	☐
Paquete de películas	☐	Urgente	☐
Paquete Postal	☐	....	

Nombre: _____ Fecha: _____

II.2. Tu amigo(a), que vive en la avenida de la Habana 8, 20 B, Tegucigalpa, Honduras, teléfono 88-24-3375, necesita enviarle un regalo a la familia Estrada, Apartado de correos 86, Acapulco, Gro., México. El paquete pesa seis kilos y 20 gramos y contiene tres camisas, cuatro pares de pantalones, cinco libros y varias fotografías.

II.3. Mientras estás en la oficina de correos, se te ocurre mandar un telegrama a tus padres para informarles de los nuevos acontecimientos y decirles que todo va bien. Indica la dirección actual de tus padres en el lugar adecuado. La tarifa es 120 pesetas por palabra más una tasa de 125 pesetas.

Lección 10 • 205

B. EL GERUNDIO Y LA RADIO

I. Chismes en la noche radiofónica con la periodista Yolanda Flores. Yolanda Flores dirige el programa de noche "No es un sueño". Se emite cada madrugada, de 2 a 5h. Sus oyentes son personas que trabajan por la noche, personas con insomnio o simplemente personas a quienes les gusta escuchar los programas de radio nocturnos. Muchas veces, algunos oyentes llaman para contarle sus problemas, para desahogarse o para compartir chismes con los otros oyentes.

Completa la siguiente conversación entre la periodista y una oyente amante de los chismes. Termina las oraciones de una forma original. Puedes usar los verbos y expresiones que están a la derecha u otros que desees, siempre que estén en gerundio.

Ejemplo: Pues... el príncipe de Inglaterra siempre ha salido con muchas chicas y, ahora que está separado, sigue... *saliendo con ellas, invitándolas a cenar al palacio y llevándolas a bailar.*

arder
besar(se)
contar
decir mentiras
emborracharse
enterarse de todo
escapar de
gritar
hablar mal de
hacer
insultar a
invitar a cenar
llamar por teléfono
llevar a cenar
molestar a
ponerse fuerte
posponer el proyecto
prometer
quejarse
salir con
tirar piedras
vivir feliz

YOLANDA: Buenas noches. Son las tres y media de la mañana. Ésta es la Radio Nacional y estamos retransmitiendo desde Bogotá para todos Uds. En estos momentos, está esperando una oyente para contarnos algunas cosas. —¿Sí? ¿Con quién tengo el gusto de hablar?

1. OYENTE: Buenas noches, a todos los oyentes. Me llamo Pepi y en estos momentos estoy preparando la comida para mañana y también estoy _____

_____.

Nombre: _____ Fecha: _____

YOLANDA: Muy bien. ¿Qué le parece si nos cuenta los últimos chismes que sabe?

2. OYENTE: Dicen que el cantante español Julio Iglesias siempre llamaba por teléfono a sus hijos antes de cantar en un concierto y todavía sigue _____.

3. OYENTE: Un jugador de los Lakers se fue de vacaciones con su novia uruguaya y todavía continúan _____.

4. OYENTE: ¡Qué susto cuando el teatro se incendió mientras Pavarotti estaba cantando! Cuando llegaron los bomberos, lo vieron _____.

5. OYENTE: Los guardaespaldas del presidente siempre van _____.

6. OYENTE: Dicen que ese actor colombiano es un drogadicto, porque siempre anda _____.

7. OYENTE: El otro día unos actores y actrices colombianos, de vacaciones en Hollywood, estaban _____.

8. OYENTE: Y una periodista los vio _____.

II. Temas más polémicos en los programas de día. En el programa "Edición de Tarde", el periodista Antonio San José informa y hace comentarios sobre los asuntos más polémicos del momento. Termina sus afirmaciones o comentarios, utilizando el gerundio.

Lección 10 • 207

1. En estos momentos, los presidentes más importantes del mundo están _____
_____

2. El problema de la violencia continúa _____
_____

3. Cuando los periodistas piden información sobre la bomba atómica, desde hace tiempo los políticos vienen _____
_____

4. El terrorismo sigue _____
_____

5. Gracias a la televisión, cuando ocurre un accidente, telespectadores de todo el mundo ven a las víctimas desesperadas y _____
_____

C. EL FUTURO PERFECTO Y EL FUTURO DE LA TELECONFERENCIA

I. Para el año 2025, ¿qué cambios habrá implantado la teleconferencia? Cuando Julio Verne anticipó el mundo del futuro en sus obras, no imaginó algo como la teleconferencia, sistema que consiste en mantener conferencias por televisión vía satélite. Actualmente muchas compañías la usan, y los altos directivos celebran reuniones sin estar físicamente juntos.

Completa con el futuro, o el futuro perfecto, algunas de las predicciones para el futuro y para el estado de este sistema en el año 2025.

1. La historia de la teleconferencia comienza con Jack Caldwell, un joven ejecutivo de la "Ford Corporation", a quien probablemente todo el mundo ya _____ (olvidar) para el año 2025. Caldwell quería mejorar los contactos entre los miembros de la gigantesca industria automovilística.

2. Caldwell, con la ayuda de ATT, "descubrió" la teleconferencia, y hoy en día todas las filiales de Ford tienen *"video rooms"*. También las tienen decenas de grandes corporaciones e importantes ministerios del gobierno norteamericano. Para el año 2025, centenas o miles de corporaciones _____ (instalar) ya sus equipos de teleconferencias y todas las reuniones _____ (celebrarse) sin contacto físico de los participantes.

3. Este sistema comenzó a explotarse comercialmente a partir de 1981. Poco a poco comenzaron a bajar los costos y se mejoró la calidad de la imagen. Para el año 2025, el precio ya _____ (reducirse) un 80% y la calidad de la imagen _____ (ser) similar a la imagen de televisión por cable.

4. Para el año 2025, la teleconferencia será un producto de uso masificado. Todas las familias ya _____ (comprar) un teleteléfono y en todas las casas _____ (haber) una cámara frente al teléfono para mandar la imagen de los hablantes.

Nombre: _____ Fecha: _____

5. Creo que incluso yo _____ (instalar) un teleteléfono en mi apartamento. Es seguro que para el año 2025 los teleteléfonos _____ (convertirse) en productos muy comunes y _____ (no haber) nadie sin teleteléfono.

6. Probablemente, con el uso de las teleconferencias, ya _____ (desaparecer) los edificios de la universidad. Los profesores _____ (dar) sus clases desde sus casas; y los estudiantes _____ (tomar apuntes) sin tener que ir a la universidad. Los teatros, los cines, las salas culturales, etcétera, _____ (cerrar) sus puertas, y todos los eventos culturales _____ (poder) verse desde casa.

7. Mi madre dice que para el año 2025, el mundo _____ (volverse loco) y que las personas _____ (olvidar) la importancia del contacto personal y físico.

II. Y, dejando de lado las teleconferencias, ¿qué habrás hecho tú para el año 2025?

1. ¿Te habrás graduado para el año 2025? ¿En qué carrera?

   _____
   _____
   _____
   _____
   _____
   _____

2. ¿Te habrás convertido en una persona importante? ¿Por qué?

   _____
   _____
   _____
   _____
   _____
   _____

3. ¿Qué crees que no habrás hecho?

   _____
   _____
   _____
   _____
   _____
   _____

D. EL CONDICIONAL PERFECTO Y LA TELEVISIÓN

No todos los programas televisivos son aptos para niños. La semana pasada, hubo un ciclo de películas en Colombia. José Angel es amante del cine. Sin embargo, esta semana apenas ha podido ver la televisión, porque ha tenido que cuidar a su hermana Belén, que tiene seis añitos.

ALQUILER 'SENTIDO Y SENSIBILIDAD'
Con acento inglés

Sentido y sensibilidad supone una corriente de aire fresco, paisajes verdes y buena educación, mucha buena educación. Lógico en una historia británica cien por cien, escrita por Jane Austen y con guión de Emma Thompson. El que su director, Ang Lee, naciera en Taiwan o que su productor ejecutivo, Sidney Pollack, sea muy estadounidense no afectó al resultado final.

Emma Thompson –*Regreso a Howards End*, *Los amigos de Peter*, *Carrington*...– decidió inaugurar su faceta de guionista con una historia que contaba con un precedente real situado en la Inglaterra del siglo XIX: por ley, la herencia de Henry Dashwood pasa íntegra a un hijo de su primer matrimonio. La viuda y sus tres hijas reducen drásticamente su nivel de vida, y abren un ciclo en el que las dos mayores vivirán historias de amor.

La película contó con varias bazas a su favor: romances, humor, paisajes, buenos decorados y un reparto en el que también caben la popularidad de Hugh Grant y la eficacia de Alan Rickman. Eso sí, hay que estar dispuesto a escuchar decenas de veces frases del tipo: «Me permite», «Hace usted el favor», «No le importaría»... ■ A.V.

SENSE AND SENSIBILITY. EE.UU./1995. DIRECTOR: Ang Lee. INTÉRPRETES: Emma Thompson, Kate Winslet, Hugh Grant, Alan Rickman, Greg Wise. Drama. Color. 130 min. (COLUMBIA)

La familia protagonista de *Sentido y sensibilidad*, en pleno relax.

Hugh Grant busca los favores de Emma Thompson.

VENTA (1.995 PTA) 'SOSPECHOSOS HABITUALES'
Tipos duros con sorpresas

El agente Kujan busca al autor de una masacre a bordo de un barco, donde murieron 27 personas. Él está convencido de que el crimen lleva la firma de Dean Keaton, un ex policía que cambió la placa por todo tipo de delitos. Y eso que se creía que Keaton estaba retirado tras enamorarse de su abogada. Pero el policía no pasa por el aro, y organiza una investigación que se convertirá en sorprendente.

Es difícil encontrar más porcentaje de tipos duros que en *Sospechosos habituales*. Para empezar, Chazz Palminteri, actor de rhoda gracias a sus papeles *de carácter* en *Balas sobre Broadway* o *Una historia del Bronx* y, para continuar, Gabriel Byrne, –*Muerte entre las flores*–, o Kevin Spacey, el personaje despreciable –en la ficción– de *Seven*. El reparto contribuyó a que la película fuera una sorpresa, recomendable para aficionados al cine en general y seguidores de lo negro en particular.

THE USUAL SUSPECTS. EE.UU./1995. DIRECTOR: Bryan Singer. INTÉRPRETES: Chazz Palminteri, Gabriel Byrne, Kevin Spacey. Policíaca. Color. 108 minutos. (POLYGRAM)

PREVISIONES DE LA SEMANA

TVE sigue con el ciclo dedicado al centenario del cine español con *El espíritu de la colmena* y amplía el homenaje con películas del artesano Vajda –*Once pares de botas*–, algo de Karina –*En un mundo nuevo*– y con el estreno como director de Mariano Barroso.

Juanjo Puigcorbé, Lydia Bosch, Carlos Hipólito y Juan Echanove.

Mi hermano del alma

VIERNES 23.10 LA2 Mariano Barroso ya trabajaba a principios de los ochenta como ayudante de dirección de Fernando Colomo. Si a esto añadimos años de experiencia en montajes teatrales a las órdenes de los directores más prestigiosos y su participación, ya como realizador, en algunos capítulos de *Las chicas de hoy en día*, Barroso tenía más cerca su estreno como director de cine. En este primer largometraje contó su visión sobre el reencuentro de dos hermanos, con mujer en medio de la trama: uno quiere que todo vaya sobre ruedas, pero el otro prefiere la venganza.

ESPAÑA/1993. DIRECTOR: Mariano Barroso. INTÉRPRETES: Juanjo Puigcorbé, Carlos Hipólito, Lydia Bosch, Juan Echanove. Drama. Color. 92 minutos.

DOMINGO (CINE DE ANIMACIÓN)
THE MUPPET MOVIE
12.20 TVE1 *The Muppet movie*. EE.UU. 1979. Color. Director: James Frowley. Intérpretes: Los Teleñecos. Comedia. 94 minutos. **Argumento:** Kermit decide abandonar su hogar para viajar a Hollywood, donde conocerá a Piggy, el amor de su vida.
La primera película de Kermit.

MIÉRCOLES (ESPECIAL CINE)
DELIVERANCE
00.20 TVE1 *Deliverance*. EE.UU. 1973. Color. Director: John Boorman. Intérpretes: Burt Reynolds, Ned Beatty. Drama. 104 min. **Argumento:** Un grupo de amigos quiere emprender su aventura particular en un bosque del estado de Georgia.
Con imágenes de impacto.

LUNES (100 AÑOS DE CINE ESPAÑOL)
EL ESPÍRITU DE LA COLMENA
22.20 LA2 España. 1973. Color. Director: Víctor Erice. Intérpretes: Ana Torrent, Fernando Fernán Gómez. Fantástica. Duración: 94 min. **Argumento:** Un cine ambulante lleva a un pueblo castellano la película *Frankenstein*. Una niña quedará muy impresionada...
Más que una fantasía infantil.

JUEVES (JUEVES CINE)
LA HIJA DE RYAN
22.20 LA2 *Ryan's daughter*. Gran Bretaña. 1970. Color. Director: David Lean. Int.: Sarah Miles, Robert Mitchum. Drama. 186 min. **Argumento:** Una joven vive su particular historia de amor en Irlanda, en tiempos de la Primera Guerra Mundial.
Marcada por el sello de Lean.

Completa la siguiente conversación entre José Ángel y su amigo Cecilio, que le ha llamado por teléfono para discutir los programas que han visto esta semana. Utiliza el condicional perfecto (y el pronombre adecuado) según el ejemplo.

Ejemplo: ¿Viste la **película** *Terminator* en la televisión?
No, no la vi. *La habría visto*, pero tenía demasiada violencia para mi hermana y cambié de canal.

Nombre: _____ Fecha: _____

CECILIO: ¡Hola, José Ángel!

JOSÉ ÁNGEL: ¡Hola, Cecilio! ¡Qué sorpresa! No te he visto en toda la semana. ¿Dónde has estado?

CECILIO: He estado pegado a la televisión. Esta semana ha habido una programación estupenda.

JOSÉ ÁNGEL: Sí, ya sé. Pero he estado toda la semana cuidando a mi hermanita.

CECILIO: El lunes vi la película *El espíritu de la colmena* de Víctor Erice. **¿Viste tú esa película?**

JOSÉ ÁNGEL: No, no la vi. _____ 1, pero en esa película sale Frankenstein y mi hermana le tiene miedo a Frankenstein. Cambié de canal.

CECILIO: El miércoles pusieron la película americana *Deliverance* con Burt Reynolds. **¿Te entretuvieron** mucho las aventuras del grupo de amigos en Georgia?

JOSÉ ÁNGEL: _____ 2, pero no pude ver esa película porque en la crítica de la revista se decía que tenía imágenes de impacto. Mi hermana todavía es muy joven para ver imágenes impactantes.

CECILIO: El domingo pusieron *Los Teleñecos* (The Muppet Movie). Me imagino que esa película no era violenta para tu hermana. **¿Te reíste** mucho **con la rana Kermit y la cerdita Piggy?**

JOSÉ ÁNGEL: _____ 3, pero tampoco pude ver esa película porque era a las 12:20 del día, y a esa hora mi hermana tiene que almorzar. Dicen que es malo que los niños coman mientras miran la televisión.

CECILIO: ¿Y qué tal la película *Sentido y Sensibilidad*? **¿Te gustó?**

JOSÉ ÁNGEL: _____ 4, pero no pude verla. Era muy sentimental y mi hermana empezó a llorar. Tuve que apagar la televisión.

CECILIO: **¿Te asustó** la escena final de *Sospechosos habituales*?

JOSÉ ÁNGEL: _____ 5, pero obviamente no pude ver esa película con mi hermana. Había demasiada sangre, disparos y violencia.

CECILIO: Ya entiendo. **Has estado** toda la semana **viendo programas deportivos** en la televisión.

JOSÉ ÁNGEL: _____ 6, pero los psicólogos dicen que los programas deportivos son malos para los niños. Provocan el sentimiento de competitividad en el niño.

CECILIO: Entonces, ¿qué puede ver tu hermana? ¿Qué han visto Uds. dos en la televisión esta semana?

JOSÉ ÁNGEL: ¡Hemos visto lo que estaban viendo los 101 dálmatas!

Lección 10 • 211

E. EL PLUSCUAMPERFECTO DEL SUBJUNTIVO Y LOS MEDIOS DE COMUNICACIÓN

I. La evolución de los medios de comunicación. Basándote en el siguiente cuadro, vuelve a escribir las siguientes afirmaciones, utilizando expresiones de emoción, duda o negación: **Es increíble, es estupendo, es interesante, me entristece, me molesta, es verdad, no es verdad...**

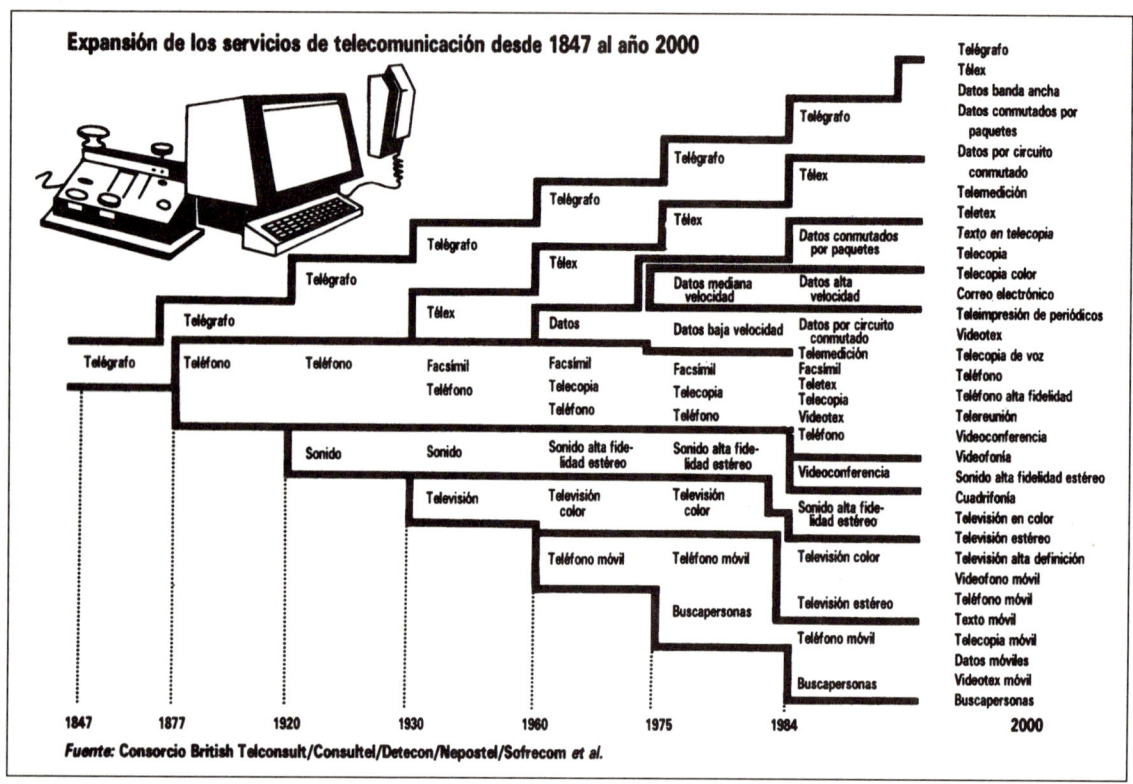

Ejemplo: Antes del desarrollo del sonido, se había inventado el télex.
No es verdad que, antes del desarrollo del sonido, **se hubiera inventado** el télex.

1. Los datos de baja velocidad se habían inventado muchos años antes que los datos de mediana velocidad.

2. El telégrafo se había inventado antes que todos los otros medios de comunicación.

3. El facsímil se había creado antes de la televisión.

4. El buscapersonas había evolucionado antes de la telereunión.

Nombre: _____ Fecha: _____

II. ¿Y qué sabes de la comunicación en general? Mide tus conocimientos y vuelve a escribir las siguientes afirmaciones diciendo **Es verdad que...** o **No es verdad que...** o expresando duda si no sabes. Utiliza el pluscuamperfecto del indicativo o del subjuntivo, según corresponda. Añade la respuesta correcta.

Ejemplo: Cuando los soldados luchaban en la Segunda Guerra mundial, ya se había desarrollado el teléfono móvil.
No es verdad que ya se hubiera inventado el teléfono móvil antes de la Segunda Guerra mundial.

1. Cuando tú naciste, la videoconferencia ya se había incorporado en la vida diaria del mundo de negocios.

   _____
   _____

2. Cuando tus padres nacieron, la televisión ya se había hecho parte integral de la vida cotidiana.

   _____

3. Cuando el huracán Mitch atacó a Honduras, la televisión de alta definición ya se había desarrollado allí.

   _____
   _____

4. Antes del siglo XX, sólo se habían inventado dos medios de comunicación.

   _____
   _____

F. EL PLUSCUAMPERFECTO DEL SUBJUNTIVO Y EL CONDICIONAL PERFECTO

Las leyendas del cine. ¿Qué hubiera pasado si...? Completa las condicionales imposibles, según este modelo.

Ejemplo: James Dean murió en su Porsche a los veinticuatro años (1955). Si no..., ¿qué película habría hecho después de *Gigante*?
*Si no hubiera muerto en su Porsche a los veinticuatro años, James Dean **habría protagonizado** la película* Proposición indecente.

1. Elvis Presley murió a causa de las drogas. Si no..., ¿qué tipo de música habría cantado en los años 90?

   _____
   _____

2. Michael J. Fox fue diagnosticado con Parkinsonismo en 1991 y decidió jubilarse en 2000. Si no, ¿hasta qué edad habría tenido éxito como actor?

   _____
   _____

3. Tom Hanks actuó en *Saving Private Ryan,* dirigido por Steven Spielberg. Si Tom Hanks no..., ¿quién habría sido el protagonista principal de esa película?

_____
_____

4. Charlie Chaplin vivió a principios del siglo XX. Si ... sino a fines del siglo XX, ¿qué comedias habría interpretado?

_____
_____

5. Fred Astaire no sabía bailar rap. Si..., ¿a qué grupo musical habría pertenecido hoy en día?

_____
_____

6. Jim Carey se enamoró de Renée Zellweger en *Me, Myself and Irene.* Si no...,

_____
_____

7. Frankenstein no existió de verdad. Si...,

_____
_____

8. Al Pacino...

_____
_____

9. Meg Ryan...

_____
_____

G. LOS PRONOMBRES RELATIVOS

I. El cine español y los premios Goyas. Cada año la Academia de Artes y Ciencias Cinematográficas de España entrega los premios Goyas a los mejores artistas del año.

Completa las oraciones con el pronombre relativo **que** o **quien(es)**.

1. La entrega de premios _____ tuvo lugar en el Palacio de Congresos y Exposiciones de Madrid fue transmitida en directo por Televisión Española.
2. Las películas *Átame* y *¡Ay, Carmela!,* _____ tuvieron quince menciones cada una, fueron las películas favoritas para estos premios.
3. Pedro Almodóvar, _____ dirigió *Átame,* ya había ganado un Óscar por la mejor película extranjera con *Mujeres al borde de un ataque de nervios.*
4. Antonio Banderas, con _____ Pedro Almodóvar había trabajado mucho, fue mencionado como el mejor intérprete masculino.
5. Las actrices de _____ más se habló fueron Carmen Maura y Victoria Abril.
6. Otras películas _____ recibieron mención fueron *Las cartas de Alou, Lo más natural* y *A solas contigo.*

Nombre: _____ Fecha: _____

II. Multicines Ideal. Forma una sola oración, usando los relativos **que** o **quien**.

Ejemplo: A los jóvenes les gustan las películas. En las películas hay mucha acción.
*A los jóvenes les gustan las películas **en las que** hay mucha acción.*

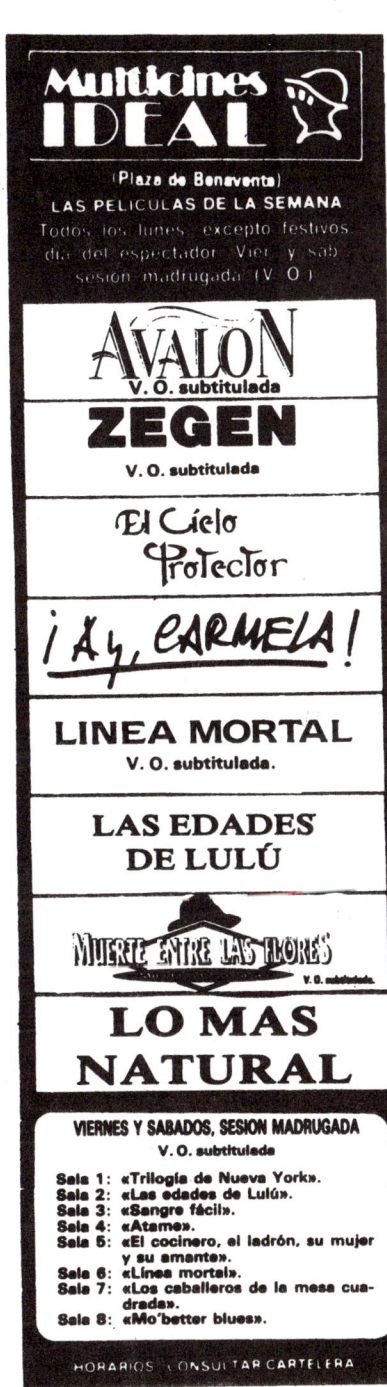

1. Multicines Ideal pasa las mejores películas. Multicines Ideal está en la Plaza de Benaventa.

2. *Las edades de Lulú* provocó gran polémica. *Las edades de Lulú* es bastante erótica.

3. Julia Roberts es la protagonista principal de *Línea Mortal*. Julia Roberts tuvo mucho éxito con la película *Pretty Woman*.

4. Carmen Maura es la protagonista principal en *¡Ay, Carmela!* El público admira a Carmen Maura.

5. Miguel Bosé es un cantante famoso. Miguel Bosé actúa en *Lo más natural*.

III. Al ritmo del básquetbol (baloncesto). Echa un vistazo al anuncio de Radio Popular COPE. Después, completa las ocho oraciones con el pronombre relativo **que, el que, lo que, la que, los que** o **las que**.

1. La emisora de radio COPE es _____ ofrece los juegos de baloncesto en directo.

2. De ahora en adelante, _____ no puedan asistir al juego en el estadio podrán escucharlo por radio.

3. _____ dice el anuncio es que los oyentes pueden escuchar canciones todos los sábados a partir de las seis, para que el "tiempo muerto" de los partidos sea un "tiempo vivo".

4. _____ mejor conoce la información deportiva es Agustín Castellote.

5. El locutor de radio _____ informa sobre la liga norteamericana NBA se llama Miguel Ángel Paniagua.

6. El baloncesto, _____ en Hispanoamérica se llama básquetbol, aumenta en popularidad año tras año.

7. Cada vez más el baloncesto recibe mayor atención por parte de los medios de comunicación, _____ agrada mucho a los aficionados.

8. Los jugadores norteamericanos, Magic Johnson y Michael Jordan, han sido _____ más fama tuvieron entre el público aficionado.

Nombre: _____ Fecha: _____

H. ¡OJO CON ESTAS PALABRAS!

Barrido telefónico. ¿Te ha sucedido alguna vez que, mientras estás hablando por teléfono, tienes la impresión de que alguien está escuchando tu conversación? Existe un servicio de protección de llamadas telefónicas, como puedes ver en el siguiente anuncio.

Completa las oraciones con **pero**, **sino**, **sino que** o **sino también**.

1. Se supone que una conversación telefónica es privada _____ no siempre es el caso.

2. Hay personas que no sólo escuchan las conversaciones, _____ las graban.

3. Si éste es el caso, no debes preocuparte _____ debes llamar de inmediato a Barrido Telefónico.

4. Nosotros detectamos intercepciones no sólo en Honduras, _____ en el resto del mundo.

5. Puede ser que ya hayan escuchado tus conversaciones telefónicas _____ nunca es demasiado tarde para remediar los problemas.

6. No sólo ofrecemos este servicio de seguridad telefónica _____ otros. Llámanos hoy mismo.

I. ¡EXPRÉSATE POR ESCRITO!

1. ¿Qué sección del periódico te gusta más? ¿Por qué?

   _____
   _____
   _____

2. ¿Has puesto alguna vez un anuncio en el periódico? ¿Con qué propósito?

   _____
   _____
   _____

3. ¿Cuál crees que fue el acontecimiento más grande del año?

   _____
   _____
   _____
   _____

4. ¿Qué películas están dando en los cines de tu barrio?

   _____
   _____
   _____
   _____

5. ¿Crees que la televisión debe educar o entretener a los televidentes? ¿Por qué?

   _____
   _____
   _____
   _____

6. ¿Cuáles son las características que más te gustan en un actor (una actriz) de cine?

   _____
   _____
   _____
   _____

7. Si hubieras sido actor (actriz) de cine, ¿a quién te habría gustado parecerte? ¿Por qué?

   _____
   _____
   _____
   _____

8. En tu opinión, ¿quiénes son las tres personas más famosas de la televisión? ¿Por qué?

   _____
   _____
   _____
   _____

J. PERSPECTIVAS: LECTURA, COMPRENSIÓN Y PROYECTO FINAL

I. Lee el artículo de la siguiente página con cuidado y atención.

La prensa rosa,
un fenómeno español con tres millones
de ejemplares semanales

A CORAZÓN ABIERTO

Son elemento de decoración indispensable de cualquier antedespacho que se precie. Su presencia es imprescindible en peluquerías y habitáculos de belleza femeninos. Son la «biblia» de las «marujas» y el soporte imprescindible de fantásticos sueños y terapias de consuelo. Mueven 10.000 millones de pesetas de publicidad al año, 13 millones de lectores y tres millones de ejemplares semanalmente. Sus páginas reflejan la risa y el llanto de la España conocida, no importa de qué. También asoman rostros internacionales, populares artistas y políticos. Tan sólo cinco publicaciones son culpables de todo ello y, aunque se las ha adjetivado mucho, únicamente les cuadra un calificativo: la prensa con cerebro. Y esto lo respalda el gran número de corazones de sus lectores y anunciantes, con unas cifras de infarto.

SUS CARACTERISTICAS

Publicación	Fec. nac.	Periodic.	Precio	Páginas
Lecturas	1921	Semanal	200 ptas.	152
Semana	1940	Semanal	200 ptas.	124
¡Hola!	1944	Semanal	200 ptas.	164
Diez Minutos	1951	Semanal	200 ptas.	164
Pronto	1972	Semanal	100 ptas.	97

Las tres peculiaridades que la definen

TRIO DE CORAZONES, SU GRAN BAZA

ESTA es una baza que no sólo califica a la prensa del corazón, sino que la distingue y define. Con estas tres «cartas», el sector ha superado sus bodas de oro y ha sobrevivido dentro de la profesión con una envidiable rentabilidad, a decir de otros sectores. Son tres adjetivos sustantivados que han logrado que este tipo de publicaciones consigan esas enormes tiradas y audiencias, y que Julio Bou, director de Lecturas, resume así:

■ **LA AMABILIDAD.** Una cualidad que se traslada desde la selección de noticias, al enjuiciamiento de los personajes y hechos, hasta la forma de tratarlas o ilustrarlas.

Cuando un famoso padece cáncer, siempre se verá publicado que tiene una penosa enfermedad y nunca se la nombra a ésta. Un titular jamás dirá que el personaje se ve hundido en la desesperación por la muerte de un hijo, sino que se habla de su vuelta al trabajo, tras el luctuoso suceso.

Buscan la mejor cara de la moneda y la ofrecen en sus páginas, porque «todo debe ser bonito y agradable, o casi todo.

Los lectores se sumergen en ese mundo ávidos de evasión y dispuestos a huir de las preocupaciones diarias», explica Bou. No pretenden más.

■ **LO GRAFICO.** Predomina la ilustración por encima del texto, unas cuatro veces más, claro que es preferible que sean instantáneas que muestren detalles de cómo viven los protagonistas o dónde pasaron los hechos, más que el retrato del mejor fotógrafo.

El lector se identifica con Sofía Loren y su cocina, al compartir el mismo electrodoméstico, o «copia» el modelo de Marta Chávarri que lució en una fiesta o imita la decoración del salón de Isabel Preysler. El caso es que de alguna forma el público se interesa por la foto.

Si las fotografías permiten, por un lado, la comprensión de un acontecimiento, sin obligarse a su lectura; por otro, hacen partícipes del espectáculo.

Casi se puede «vivir» una ceremonia, por ejemplo una boda, como si la lectora fuese un invitado más. «Podrá comentar el vestido de la novia, los diferentes modelos de los asistentes, el emplazamiento...» La revista estuvo allí y esto lo pone al alcance de su audiencia.

Por ello, una sola fotografía en color, por poner un ejemplo, del enlace del desaparecido magnate griego Onassis con Jacqueline Kennedy costó 100.000 pesetas de las de 1968.

■ **LA VERDAD.** Quizá un término sorprendente que, sin embargo, viene avalado por la publicidad, ya que la prensa del corazón constituye el sector de revistas de mayor volumen como soporte publicitario. «Es bien sabido —recalca Bou— que los anunciantes huyen de las publicaciones sensacionalistas y escandalosas. El anunciante de marca prestigiosa exige para su mensaje un entorno de veracidad.»

Uno de los más draconianos motivos que confirman la anterior característica es su propia condición gráfica, ya que, aunque se puede «refritar» una historia, no es posible inventarse las imágenes que la ilustran. Por lo menos esto es lo que dicen todos los que forman parte del equipo directivo de estos medios.

Lección 10

UN FENÓMENO «TYPICAL SPANISH»

SER famoso en nuestro país necesita un requisito esencial: ilustrar las portadas de las revistas del corazón. Cuantas más, mejor. Mostrar a través de sus páginas la decoración del salón, lo que estudia o con quien sale la niña, las bodas o divorcios propios, el amigo/a ocasional, los secretos de alcoba, el modelo que lució en tal o cual fiesta... son la habitual «carnaza» con que se alimentan semanalmente un buen número de españoles, y todo ello ofrece una regla de tres, simple y directa: a mayor grado de intimidad contada y fotografiada, mayor grado de popularidad. Sin embargo, este tipo de prensa que creemos tan nuestra y que tan bien se adapta a nuestra indiosincrasia fue «inventada» en Francia.

Perfil del lector
AMAS DE CASA, LOCAS POR LOS ENREDOS

PUBLICACION	ROL SOCIAL	EDAD	CLASE SOCIAL (1)
Semana	Amas de casa	24 a 44	Media/media alta
Pronto	Amas de casa	14 a 19/25 a 34	Media/media baja
Lecturas	Amas de casa	30 a 45	Media/media
Diez Minutos	Amas de casa	25 a 44	Media/media baja
¡Hola!	Amas de casa	14 a 19/25 a 34	Media/media

(1) Realmente la clase media/media es la mayor consumidora de estas publicaciones y posteriormente la media baja. Sin embargo, ¡Hola! y Lecturas son leídas por un importante porcentaje de la población de clase media alta y alta. En este perfil, Semana considera que la clase social que la lee es media/media alta.

II. Proyecto final: Elaboración en grupo de una revista del corazón

Este es el último ejercicio de tu *Manual de ejercicios.* Después de diez lecciones de práctica y trabajo, ¿crees que serías capaz de diseñar en español una revista del corazón con todas las noticias, chismes y asuntos que han ocurrido en tu clase de español este trimestre o semestre? Reúnete con algunos compañeros y organicen la revista:

- Noticias en portada
- Noticias de segundo grado
- Fotografías
- Número de páginas
- Color...

Usa una hoja de papel aparte.

Nombre: _____ Fecha: _____

Manual de laboratorio

I. OBRA DE TEATRO EN UN ACTO

En el siguiente diálogo que Ud. va a escuchar, un poeta que está lleno de ilusiones habla con Filomena sobre el valor de la poesía.

EL POETA Y FILOMENA
Luisa Josefina Hernández *(México)*

> Recibidlo; y perdonad,
> Entre lo humilde y supremo,
> Lo que tuviere de mío,
> Por lo que tiene de vuestro.
>
> Sor Juana Inés de la Cruz

EJERCICIOS DE COMPRENSIÓN

A. Primera parte. Escuche las siguientes oraciones basadas en *El poeta y Filomena*. Después indique con un círculo si las afirmaciones están de acuerdo con la escena que ha escuchado. Cada oración se leerá dos veces.

1. Sí   No
2. Sí   No
3. Sí   No
4. Sí   No

B. Segunda parte. Escuche las siguientes oraciones basadas en *El poeta y Filomena*. Después indique con un círculo si las afirmaciones están de acuerdo con la escena que ha escuchado. Cada oración se leerá dos veces.

1. Sí   No
2. Sí   No
3. Sí   No
4. Sí   No

Lección 10 • **221**

C. ¿Qué piensa? Lea las siguientes preguntas basadas en *El poeta y Filomena*. Después contéstelas en el espacio indicado.

1. ¿Piensa Ud. que el poeta va a escribir un poema para Filomena? ¿Será bueno o malo? ¿Por qué piensa Ud. así?

   _____
   _____
   _____

2. ¿Cómo describiría Ud. al poeta? Descríbalo con cuánto detalle pueda.

   _____
   _____
   _____
   _____

3. ¿Ha escrito Ud. un poema de amor para alguien? ¿Se lo dio? ¿Le gustó? ¿Ha recibido un poema de amor alguna vez? ¿Le gustó?

   _____
   _____
   _____
   _____

II. PRONUNCIACIÓN

LA SINÉRESIS Y LA SINALEFA

La sinéresis es la contracción de dos sílabas en una sola (**toalla** = twa-ya, **alcohol** = al-col). Practique la sinéresis. Escuche y repita:

coherente	poseedor	poeta
toalla	seamos	planear
cooperación	rodeado	

La sinalefa es la contracción en una sílaba de dos vocales contiguas en palabras separadas (pro-fe-sor-**dein**-glés, u-**na**-mi-ga-**mí**-a). Cuando en la sinalefa dos vocales contiguas son idénticas, se pronuncia sólo una de ellas (la araña = **la**-ra-ña, mi interés = **min**-te-rés). Practique la sinalefa, omitiendo una de las vocales repetidas. Escuche y repita:

muchacha‿antipática	mi‿hija	tu‿universidad
mucha‿hambre	si‿insisten	
traje‿elegante	no‿obstante	
prefiere‿estudiar	lo‿obvio	
casi‿igual	su‿uso	

Nombre: _____ Fecha: _____

Si en la sinalefa la última vocal de una palabra y la vocal inicial de la siguiente forman un diptongo, se pronuncian en una sílaba con el diptongo (mi amiga = **mia**-mi-ga, su hermano = **suer**-ma-no). Practique los diptongos entre palabras. Escuche y repita:

mi alma	tu hermana
si operan	tu amor
casi entero	su isla
mi uña	su ojo

Las vocales fuertes *e* y *o*, delante de otra vocal, se vuelven más débiles (**mareado, oeste**). Practique la sinalefa con las vocales fuertes *e* y *o*. Escuche y repita:

ese anillo	de oro	estudie usted
sabe algo	dice hola	quiere unirse
salgo ahora	sólo Elena	mucho interés
busco a Juan	Ricardo es	como Inés

En la sinalefa no sólo hay enlace entre vocales sino también entre una consonante y la vocal que sigue:

en España, el acto, sus orejas, sin humo

Practique la pronunciación de estas oraciones. Escuche y repita:

Canto en la clase de alemán. (Can-toen-la-cla-se-dea-le-mán.)

Vive en un apartamento enorme.

No es difícil explicarlo.

Me habló de su estilo original.

Ese escritor se exilió hace años.

III. PRÁCTICA ORAL

A. EL GERUNDIO

Ud. oirá una oración. Modifíquela usando el gerundio. Después, escuche y repita la oración correcta.

Ejemplo: Ud. oirá: Cuando conducía por el centro, chocó con otro coche.
Diga Ud.: **Conduciendo** *por el centro, chocó con otro coche.*

B. EL GERUNDIO CON LOS VERBOS DE PERCEPCIÓN

Ud. oirá una oración con el infinitivo y un verbo de percepción. Cambie el infinitivo al gerundio. Después, escuche y repita la respuesta correcta.

Ejemplo: Ud. oirá: La vi tomar un taxi.
Diga Ud.: *La vi* **tomando** *un taxi.*

Lección 10 • **223**

C. EL CONDICIONAL PERFECTO

Ud. oirá una oración completa y el sujeto de la segunda oración. Termínela según el ejemplo. Después, escuche y repita las dos oraciones.

Ejemplo: Ud. oirá: Tú no hiciste la tarea. Yo...
Diga Ud.: *Tú no hiciste la tarea. Yo la **habría hecho**.*

D. EL PLUSCUAMPERFECTO DEL SUBJUNTIVO

Ud. oirá una oración. Póngala en el tiempo pasado y cambie el verbo al pluscuamperfecto del subjuntivo. Después, escuche y repita la respuesta correcta.

Ejemplo: Ud. oirá: Lamenta que no hayan ido de vacaciones. Lamentaba...
Diga Ud.: *Lamentaba que no **hubieran ido** de vacaciones.*

E. EL PRONOMBRE RELATIVO *QUE*

Ud. oirá dos oraciones. Combínelas usando el relativo **que**. Después, escuche y repita la respuesta correcta.

Ejemplo: Ud. oirá: Leí el periódico. Es excelente.
Diga Ud.: *El periódico **que** leí es excelente.*

F. LOS PRONOMBRES RELATIVOS *QUE* Y *QUIEN*

Ud. oirá dos oraciones. Combínelas usando los relativos **que, quien** o **quienes** en lugar del pronombre de la segunda oración. Después, escuche y repita la respuesta correcta.

Ejemplo: Ud. oirá: Visité al muchacho. Él tuvo el accidente.
Diga Ud.: *Visité al muchacho **que** tuvo el accidente.*

G. LOS PRONOMBRES RELATIVOS *EL QUE* Y *EL CUAL*

Ud. oirá una oración. Modifíquela con las palabras que oirá a continuación. Después, escuche y repita la oración correcta.

Ejemplo: Ud. oirá: Esta carta es la que escribiste. (este artículo)
Diga Ud.: *Este artículo es **el que** escribiste.*

Nombre: _____ Fecha: _____

IV. COMPRENSIÓN AUDITIVA

A. EN LAS SOMBRAS DEL CINEMATÓGRAFO

Ud. oirá algunas palabras que aparecen en el siguiente relato. Repita cada una de ellas y lea su traducción al inglés. Ud. las necesitará para la comprensión de la historia.

    la sombra   *shadow*
    el cinematógrafo   *movie theater*
    el amante   *lover*
    chillar   *to shriek*
    blandir   *to brandish; to exhibit in a menacing way*
    vacío   *empty*

❦ ❦ ❦

¿Entiende Ud. el relato? Si no, vuelva a escucharlo antes de hacer el ejercicio de comprensión que sigue.

B. EJERCICIO DE COMPRENSIÓN

Ud. oirá la primera parte de una oración sobre el relato *En las sombras del cinematógrafo* y tres terminaciones posibles. Indique con un círculo la terminación más lógica. La oración y las terminaciones se leerán dos veces.

1. a   b   c   4. a   b   c
2. a   b   c   5. a   b   c
3. a   b   c   6. a   b   c

Credits

p. 10: Primer cursillo... from *Cambio 16*, October 31, 1991, p. 28; **p. 21:** Boarding passes from Aeroméxico, México; **p. 27:** Mena comic strip from *Semana*, No. 2.6477, November 7, 1990. p. 59; **p. 28:** "Diccionario" by Eva Piquer, from *Woman*, No. 34, July 1995, p. 54; **p. 29:** "Spanglish: Un lengua entre dos mundos" by Eva Piquer, from *Woman*, No. 34, July 1995, p. 50-54; **p. 35:** Price list from Parador de turismo, C/ Ancha, 6, 10003 Cáceres, Spain; Bill from Hotel Carlos V, Toledo, Spain; **p. 47:** Juan Ballesta (comic strip) from *Cambio 16*, No. 967, June 4, 1990, p. 209, Madrid, Spain; **p. 50:** Ads from *El País*, October 25, 1990, p. 11; **p. 52:** Ad for "Caja Laboral" from *El periódico universitario*, Bilbao Spain; **p. 61:** Misha Lenn; **p. 63:** Misha Lenn; **p. 64:** Misha Lenn; **p. 65:** Gabi (comic strip) from *Cambio 16*, "Gente" November 25, 1990, p. 144; **p. 66:** Misha Lenn; **p. 73:** Gabi (comic strip) from *Cambio 16*, "Gente" November 25, 1990, p. 144; **p. 75:** Niño probeta (comic strip) from *Fantanarrosa: Pienso, luego insisto (Humor en serio)*, Editorial Nueva Imagen, S.A., México, D.F., 1982; **p. 77:** "Mi papá me mima" by Luis Pazos and Diego Rosemberg, from *Viva, La revista de Clarín*, No. 978, January 29, 1995, pp. 24-28; **p. 85:** Ads from *Segundamano*, February 18, 1991, p. 10; **p. 90:** "Obtención del voto femenino" and "Primera mujer ministra" by Carlos Solanes, from *Woman*, No. 34, July 1995, p. 38; **p. 91:** Misha Lenn; **p. 95:** "Empresas para todo" from *El País*, No. 110, año 111, November 24/25, 1990; **p. 99:** Misha Lenn; **p. 101:** Brochure from Caja Postal, Madrid, Spain; **p. 102:** Ad from *ABC*, November 18, 1990, Madrid, Spain; **p. 103:** Brochure from Fundación Solidariadad Democrática, Madrid, Spain; **p. 105:** Adapted from "El gigante se mueve" by Carlos Solanes, from *Woman*, No. 34, July 1995, p. 40; **p. 115:** "Te echamos un cable" from *Diario 16*, November 18, 1990, p. 75; **p. 119–120:** "Señas de identidad" from *El Suplemento Semanal*, No. 413, September 24, 1995, p. 36-37; **p. 122:** "¿Esto te ayuda?" from *Vogue España*, No. 27, June 1990, p. 73; **p. 135:** Misha Lenn; **p. 139:** Jonathan Stark; **p. 142:** "Colocaciones: Ofertas/Demandas" from *El diario vasco*, January 5, 1991, p. 51; **p. 143:** El planeta de los nimios (comic strip) by Pablo from *El País Semanal*, No. 711, año XV, Segunda época, November 24/25, 1990, p. 112; **p. 144:** Pass by permission of Elena María Mera Dios; **p. 167:** Adapted from "Cataratas Iguazú" from *El País Semanal*, No. 219, April 30, 1995, p. 52-58, photo by Owen Franken/Stock Boston; **p. 170:** Seal from Empresa Mate Larangeira Mendes, S.A., San Martín 483, Buenos Aires, Argentina; **p. 185:** "La cabalgata..." from *El diario vasco*, January 5, 1991, p. 16; **p. 186:** "La llegada de los Reyes Magos" from *El diario vasco*, January 4, 1991, p. 19; **p. 189:** Lugo and Fiestas from Xunta de Galicia, Secretaria Xeral Para O Turismo, Galicia, Spain; **p. 191–192:** Ads from *El correo español/El país vasco*, August 5, 1996; **p. 193–194:** Photos from *El correo español/El país vasco*, August 7, 1996; **p. 203:** Illustration by Jesús P., from *Mensaje y medios*, No. 2, August/September 1988, p. 73; **p. 203:** Illustration from *Mensaje y medios*, No. 2, August/September 1988, p. 74; **p. 204:** Receipt from Oficina de Correos, Madrid, Spain; **p. 205:** Declaration form from Administración de Correos, Madrid, Spain; **p. 205:** Telegram from Caja Postal de Ahorros, Madrid, Spain; **p. 206:** Ad for Radio Nacional de España, from *El País Semanal*, No. 218, April 23, 1995; **p. 207:** Ad for Radio Nacional de España, from *El País Semanal*, No. 218, April 23, 1995; **p. 210:** TV Listings from *El Semanal TV*, no. 459, August 10, 1996, p. 25; **p. 215:** Multicines ideal from *Guía del Ocio*, No. 789, January 28–February 3, 1991, p. 19; **p. 216:** "Al ritmo del basket" from *Diario 16*, "Gente," Revista Semanal, No. 84, Año 11, November 18, 1990, p. 92; **p. 217:** Barrido telefónico from *ABC*, November 18, 1990, p. 22, Madrid, Spain; **p. 219–220:** Adapted from "A corazón abierto" by María Teresa San Andrés from Periodistas, No. 36, August/September 1990, p. 6. Published by Associación de la Prensa de Madrid.